ちくま文庫

週刊誌風雲録

高橋呉郎

筑摩書房

目次

プロローグ　9

第一章　ザラ紙・ヤミ紙からの出発　21

〝六階行き〟を命ず／人と会い、話し、「当用日記」に書きとめる／〝出版ブーム〟の陰に用紙難アリ／センスのよい〝鬼軍曹〟

第二章　「週刊朝日」の時代　41

連載小説が定期読者をつかむカギ／小説のはずが、瓢箪から駒で……／サラリーマン読者を開拓した吉川英治／ツキを呼んだ「富栄の日記」／「ニュース大衆誌」の萌芽／喧嘩と手打ち／美空ひばりのトップ記事／草柳大蔵の夢、梶山季之の夢／菊池寛賞を受賞する／ライバル週刊誌の勃興／朝日

に〝雑誌屋〟はいなかった

第三章　「週刊新潮」の登場　81

アイデアは脱「週刊朝日」、ヒントは「ニューヨーカー」／草柳流ライター心得／「マスコミ通り、文学通り、マルクス通り」／陰の天皇・斎藤十一／剣豪小説『柳生武芸帳』の誕生／シバレン、吉田茂と人気連載がヒットする

第四章　開花したストリート・ジャーナル　113

「俗物主義」を徹底させた斎藤・野平コンビ／面白い原稿は倍の長さに書き直させる／「左手の中に〝私〟を握りしめながら右手で書く」／ストリートの情念／山口瞳『男性自身』を生み出した男／井上光晴のコメント主義／新米編集者がつかんだ一枚の名簿が……／徳間康快の決断と「アサヒ芸能」／風俗記事も特ダネで／事業拡大と見果てぬ夢

第五章　ブームの幕開け　151

「週刊明星」の参入／三島由紀夫が連載エッセイを／ライター・梶山季之

の産声／〝鬼の室伏、仏の梶山〟／「皇太子妃は決まった！」、校了直前に現われたのは……／スクープと報道協定／雑誌の〝社風〟とライターの気質

第六章　戦国時代の到来　183

「週刊文春」の創刊／トップ屋集団・梶山グループの誕生／「人と会うために酒を飲め」／「あさっては皇太子さまのご結婚……」／「下山事件」を掘り起こす／原稿料は酒代に消え……／「文春の牧歌時代は終わった」／サラリーマン読者と「週刊現代」／雑誌は消えても、ライターは残った

第七章　ビジュアル誌の先駆け　213

ミッチー・ブームの蚊帳の外だった「女性自身」創刊号／誌名、定価、表紙――創刊時の三つの決断／読者調査は都会と農村／広告増収を生み出した〝デラックス化〟／準デスクだった種村季弘／児玉隆也の企画力／児島襄と竹中労／美空ひばりを描いた芸能ジャーナリズム／「週刊平凡」のリライターをつとめた女性作家

エピローグ　247

あとがき　258
文庫版あとがき　260
主要参考文献　263
解説　中田建夫　265

週刊誌風雲録

プロローグ

あれは剣術でいえば、木刀の握り方も知らない入門者が、宮本武蔵に出会ったようなものかもしれない。昭和三十三（一九五八）年の暮れ、草柳大蔵《くさやなぎだいぞう》氏との初対面で、そのくらい強烈な印象を受けた。

私は、まだ学生の身で、創刊されたばかりの「女性自身」のアルバイト記者だった。特集班に所属して、「特派記者」という肩書の名刺はもたされていたけれど、つかい走り程度の仕事しかしていなかった。それが、どんな風の吹き回しか、編集部側とライター陣との忘年会に出るように、デスクにいわれた。会場は、築地の水路に浮かぶ〝かき舟〟だった。都心の料理屋など看板さえまともに見たことがない。いささか気後れもしたが、草柳大蔵の顔が見られるという、ごく単純な好奇心にも逸っていた。

つい二週間ほど前、創刊第二号の締め切りが迫ったころ、私は草柳大蔵という名前を初めて知った。「週刊新潮」や「週刊明星」の特集も書いている、当代きっての週刊誌ライターで、その号から「女性自身」のトップ記事を書くことになったという。じつは、そうと知っても、あまりピンとこなかった。「週刊新潮」は、たまに読んではいたが、愛読したのは柴田錬三郎の『眠狂四郎無頼控』で、特集は無関心に読み流していた。おもしろいと思うことはあっても、だれが書いているかなど考えてみたこともない。それ以前に、週刊誌ライターという職業が存在することさえ知らなかった。

草柳氏の原稿が届き、デスクが読みはじめたとき、たまたま私は近くにいた。読み終わったデスクは、宝ものにでも巡り会ったように、相好をくずし嘆声まじりにいった。

「ちがうねえ。やっぱり神様だよ。行数までぴったりだもの」

雑誌ができあがってから、私も〝神様〟が書いた特集を読んだ。べつに襟を正して読んだわけではなかったが、デスクのいう「ちがうねえ」という意味は、なんとなくわかった。平明な文章は気負ったところがなく、しかも緊張感がある。ひよっ子のアルバイト記者に、取材がどうのと評定する能力があるはずもないが、手間ひまかかった記事であることも感じとれた。

最初に私が興味をもったのは、記事のできばえうんぬんよりも、特集記事の製作方法のほうだったような気もする。グループで取材したデータを、ひとりのライターがまとめる。いわゆる〝アンカー・システム〟で、記事の成否はアンカーと呼ばれる最終ライターの筆力にかかっている。週刊誌にそんなシステムがあることは、まったくの初耳だった。〝アンカー・システム〟は草柳氏が「週刊新潮」で初めて試みたことを知ったのは、もっと先の話になるけれど、当座は、その中心にいるアンカーという存在に興味をそそられた。草柳大蔵とは、いかなる人物か、野次馬根性もあって、ぜひとも会ってみたいと思うようになった。

編集室にも、ライターとおぼしき人物が出入りしていた。まじめそうな顔をしていても、服装がどこかくずれていたり、遠目にも堅気のサラリーマンにはみえない。定職についていない人に特有の胡散くさいところがあるといってもいい。よくいえば一匹狼、わるくいえば素浪人――編集部は書き手を求めているから、玉石混淆、自薦他薦のライター志願者が、しぜんに集まってくる。私は草柳氏をその延長線上においた。

ところが、忘年会の席に現れたのは、長身白皙の偉丈夫だった。肩幅広く、背筋はピンと伸びている。ダークスーツを端正に着こなして、くずれたところはかけらもない。胡散くさいどころか、毅然としたエリートの風貌が備わっていた。

宴がはじまって、すぐにデスクが草柳氏に「今週号の〝三悪妻〟はおもしろいですね」と話を向けた。「週刊新潮」の特集「京都の『悪』妻――トップ・レディーは嫉まれる」のことをいっている。私もその記事は読んでいた。湯川秀樹博士、裏千家宗匠、東本願寺法主の三夫人を俎上にのせ、もってまわった文章で悪妻ぶりを暴いている。文章の調子から、デスクにも草柳氏が書いたものでないことはわかっていたはずだが、挨拶がわりに口に出してしまったらしい。草柳氏は、いともあっさりと斬り捨てた。

「いやあ、ダメですね。あの書き方では、匿名でしゃべった人が、だれだかわかっちゃいますよ」

そんな高級な技術批評は、私の理解力をはるかに超えていた。いや、草柳グループの面々も、デスク以下の編集部側も、だれひとり理解できなかったにちがいない。が、言外にふくまれた意味は、私にもわかった。週刊誌の文章は、ただおもしろおかしく書けばいいというものではない。書く側にも当然、守るべきルールがある。これは技術の問題以前に、ジャーナリストとしてのモラルの問題である——私には、そういっているように思えた。その数週間、編集部の周辺で、ついぞ耳にしたことがない類の話だった。

当夜の記憶は草柳氏につきる。雑談の合間に、デスクが仕事の話をはさむと、そのつど、間髪を入れずに応答する。それも通り一遍の受け答えではなかった。週刊誌ジャーナリズム論を展開するかと思えば、一転して、「女性自身」の特集は、いかにあるべきかを論じる。ときに応じて、当意即妙のタイトルまでつけた、企画の具体案が出てくる。私は、その頭の回転の速さに舌を巻いた。

週刊誌のトップライターは、座談にも長けていた。活字にできそうもない有名人の裏話が、辛辣な批評を加えて、ポンポンと飛び出す。言語明晰で、言葉の端々にまでインテリジェンスが影を宿し、芸能界のゴシップを語るときでさえ、「切れる」という印象が先行した。しかもなお、やくざっぽい口調で冗談を交えて、いや味を感じさせなかった。

正直いって、それまで私は週刊誌の仕事をバカにしていた。編集部の周辺をうろちょろしていれば、たいして苦労もせずに、ライターのまねごとくらいはできるようになるだろう、と思っていた。それが、とんだ思い上がりであることを知った。同時に、草柳氏のような男が腕を競っている世界に、新鮮な興味をおぼえた。つかい走りでもいいから、せめて草柳氏の仕事ぶりを近くで眺めてみたいと思いはじめた。

年が明けて、どこをどう見込まれたのか、私は正社員に採用された。二月からは、特集班の一員として取材にも加わり、毎週、データ原稿を書いた。手取り足取り教わったわけではないけれど、取材のイロハから鉛筆の握り方まで、見よう見まねで草柳氏から学んだ。もし、草柳氏と出会わなかったら、私は、まったく別種の編集者になっていたにちがいない。

当時、草柳氏と並び称された週刊誌ライターに梶山季之《かじやまとしゆき》氏がいる。草柳氏とはちがった意味で、私は梶山氏にも影響を受けた。それを通り越して、私の編集者生活が梶山氏とそっくり重なってしまった時期さえある。そのせいもあって、「氏」づけで呼ぶのは、なんとなくこそばゆい。当座は「さん」づけにさせてもらう。

初めて梶山さんと会ったのは、昭和三十七年の秋だった。その年の二月に刊行された『黒の試走車』がベストセラーになり、すでに梶山さんは流行作家の階段を駆け上っていた。私は小説担当の平編集者にすぎなかった。おこがましいのを承知でいえば、初対面のときから妙に話の波長が合った。しばらくは、作家と編集者の関係がつづいた。四十五年四月に、勤め先の光文社で大争議が起こった。私は嫌気がさして退社し、フリーのライターに転身した。

以後も梶山さんとは、週に何回も酒場で顔を合わせていた。詳しい経緯は省くけれど、そのころから、梶山さんが雑誌を出すという話が具体化した。文壇や出版界には、そのまま消えていくのが惜しいような裏話が、いっぱいある。そういうゴシップの類を過去にもさかのぼって、「記録」として残す雑誌をつくりたいという。ゴシップなら、私も大好きだった。梶山さんが雑誌を出すというのに、見て見ぬふりはできない。どちらがいいだしたわけでもなく、成り行き上、私は編集を任されることになった。

月刊誌「噂」は四十六年七月に創刊された。結果をいえば、私の力及ばず、赤字がかさみ、三年足らずで終刊のやむなきに至った。累積赤字は五千数百万円にのぼる。三十数年前の五千万円が、現在の貨幣価値に換算してどのくらいになるかは、ご想像にお任せする。日本の税法では、この種の個人支出を経費として認めない。それほどの出費をしいられながら、オーナーは、いちども愚痴をこぼさなかったばかりか、編集にも口を出さなかった。「いまのままつづけてよ。ゼニの心配は俺がするから」といいつづけた。

梶山さんは五十年五月に取材旅行中の香港で客死した。死因は食道静脈瘤破裂。享年四十五。友人知己から「梶山は生き急いだ」と悼む声が聞かれた。『黒の試走車』でデビューして十三年間、長距離レースを百メートル競走のように全力疾走をつづけた。夥しいほどの執筆量をかかえて、「噂」をやめたくらいでは、心身の疲労は癒されなかったのだろう。私は編集者時代もふくめて、生き急ぎの後押しをしてしまったような気がしてならない。

梶山季之という名前は、私が新米編集者だったころ、しぜんに耳にはいってきた。「週刊文春」で通称「梶山部隊」を率いて、トップ記事を書いているという。小説家志望で、文芸誌にも作品が掲載され、新進作家として注目されていることも知った。

草柳氏からも梶山さんのことを何度か聞いた。ともに大宅壮一主宰のノンフィクション・クラブのメンバーで、面識があった。草柳氏は匿名ジャーナリズムの手法に唯我独尊ともいえる見識をもっていた。梶山さんは、むしろ型にはまった手法を嫌ったふしがある。草柳氏は自分の流儀とは異なる匿名レポートを認めたがらなかった。だから、梶山さんについての褒め言葉といえば、「なかなかのサムライなんだ」といったことくらいしか、私は聞いたおぼえがない。かくいう私自身は〝草柳教〟に入信したようなものだから、梶山季之というライターに特別の関心を抱くこともなかった。というより、当時は草柳氏から学ぶことが多すぎたというべきかもしれない。

梶山さんと会ったころには、私は特集班を離れていた。連載小説や雑多な読みもの記事を担当して、多少は免疫性ができていた。〝草柳教〟が頭のすみずみにまで沁み込んではいたけれど、草柳氏のレポートを距離をおいて眺めることができた。その手法に異を立てる気はさらさらなかったが、いささか窮屈さを感じていた。

梶山さんの第一印象は、「サムライ」とは縁遠いものだった。大のテレ性で、どこか気恥ずかしげに仕事の話をして、自分の意見を滔々と述べることがない。テレ隠しの常套手段か、初対面の昼日中にビールが供された。飲むほどに話は弾んだが、当代の流行作家は若輩の編集者にかたときも先輩面をしなかった。

共通する話題のひとつに、草柳氏のことがあった。私が草柳グループの取材に加わっていたと話すと、そこから話がほぐれてきた。週刊誌ライターの先達である草柳氏のレポートに、梶山さんは敬意を表した。たしか「カチッと仕上がった」という表現をつかったと記憶する。さらには、週刊誌の特集にアンカー・システムを定着させた実績を高く評価した。「週刊文春」に参加するときは、草柳氏に倣って梶山グループを編成しよう、と前々から決めていたという。草柳氏とちがって、梶山さんには評論家の体質が稀薄なせいもあったろうが、草柳流のレポートにたいする批判めいた言葉は、いっさい聞かれなかった。

草柳論を交わしたのは、ビールを飲んで談笑した数時間のほんの一部でしかない。その大半は出版界のゴシップの類をしゃべった。話題の蓄積量に格段の差があるので、当然、私が聞き役にまわる時間のほうが多い。梶山さんの話しぶりは、健全なる野次馬精神とでもいうべきか、どんな話題であれ、からっとした爽快感があった。解説や分析は抜きで、話のおもしろさそのものが直截に開陳される。私は編集者冥利につきるような時間を過ごした。それが病みつきになって、梶山さんと会う日を心待ちにするようになった。

よく週刊誌の話もした。当時は、「週刊明星」や「週刊文春」の時代までさかのぼって、梶山さんのレポートを読んだわけではなかったが、力量のほどは容易に推察できた。ひと言でいえば、梶山さんは週刊誌ライターの仕事が好きだった。小説を書く志はもちつづけていたが、週刊誌の仕事を片手間にこなそうという気はなかった。好奇心が旺盛で、並外れたサービス精神の持ち主でもあった。おまけに天性のストーリーテラーでもある。小説であれ、ノンフィクションであれ、週刊誌時代の申し子ともいえる資質を備えていた。

梶山さんとおつき合いするようになって、私は草柳氏の呪縛から解放されたようなものだった。多少は、おとなになったのかもしれない。草柳氏のレポートを一級品と認めることに変わりはなかったが、ちがったタイプのライターがいて当然と思うようになった。また、日常の仕事を離れたところから、週刊誌の世界に興味をもちはじめた。そのころから、自分では、いっぱしの週刊誌ウォッチャーになったつもりでいた。

あのころの週刊誌には活力があった。編集者にもライターにも、素手で未開の原野に分け入っていく逞しさがあった。見聞した週刊誌草創期の群像を、いつか書いてみたいと思いつつ、いたずらに年月を重ねた。その間に多くの先人たちが鬼籍にはいった。平成十四年七月には、草柳氏も亡くなった。こちらもタイムリミットに余裕のある年齢ではなくなっている。この目で足跡をたどれるうちに、ささやかな記録を残そうと思い立った。

第一章

ザラ紙・ヤミ紙からの出発

戦時中に活字に飢えていた国民は，戦後いっせいに雑誌に飛びついた（毎日新聞社提供）

〝六階行き〟を命ず

昭和二十二（一九四七）年六月末、朝日新聞東京本社で人事異動があった。整理部デスクの扇谷正造《おうぎやしょうぞう》は編集局長から「『週刊朝日』の副編集長になってくれないか」と内示を受けた。このささやかな人事異動が、週刊誌時代の扉を開いたといっても過言ではない。（以下、敬称略）

出版局強化のために、論説主幹の嘉治隆一が出版局長に、整理部長の春海鎮男が局次長に転出するという。扇谷は返事を保留した。咄嗟に辞表を出すことまで考えた。出版局は本社ビルの六階にあった。編集局から出版局への異動は〝六階行き〟と称され、降格とみなされた。扇谷には、朝日新聞にはいったのは、新聞記者になりたかったからであって、雑誌をつくるためではない、という思いが強かった。まだ三十四歳、新聞記者としてトウの立つ年齢ではなかった。

とりあえず荒垣秀雄など、社会部時代の先輩に相談した。みんな「やってみろよ」というだけだった。なおも考えあぐねていたが、洗面所にいったら、たまたま嘉治隆一が隣にきた。扇谷が放水しかかったとき、「決心したかい」と訊かれた。タイミングが絶妙で、「ええ、決心しました」と答えるしかなかった。

心ならずも〝六階行き〟を承諾したが、もともとが、ふてくされてイジイジ仕事をするタイプではなかった。扇谷の異動が決まると、早くも「週刊朝日」編集部には、「こんど凄いやつがくるらしい」という噂が伝わってきた。初登場の模様は、こんな具合だった。

《「君ッ、君はなにをしているッ。」

新人記者Aの背中に、後方から扇谷の声が飛んだ。

「新聞を読んでます。」

「ナニッ、新聞記者が社へ出てきて新聞を読むとはナニゴトだ。家を出る前に全部に目を通してくるんだッ。」

おそろしい早口で、東北訛りがあった（中略）。小柄で、ハンチングを斜めにかぶり、せかせかと歩く扇谷の、腕まくりした真白なワイシャツが印象的だった》（大輪盛登『巷説出版界』）

当面は〝ニュース大衆雑誌〟にするという基本方針しか決まっていなかった。新任の副編集長に、具体的な編集プランがあるわけではなかったが、期するものがあって、まず若い編集部員を鍛えることからはじめた。

扇谷の転出にあたって、経営陣は「週刊朝日」の機構を改革した。それまで本拠は大阪本社にあり、東京本社の編集部は駐在部でしかなかったが、本拠を東京に移した。本家意識のある大阪方は素直に応じなかったが、編集長を大阪におくことで妥協した。編集・取材のすべては、副編集長が司ることになった。

戦前から、「週刊朝日」のニュース記事は通常、編集局の記者が書いた。いわゆる社内原稿で、稿料も安かった。そのせいもあって、大方は新聞記事の二番煎じで、生きのいい記事は、めったになかった。扇谷は、署名原稿以外は、自前の記事にしようと決心した。そのためには、記者を教育しなければならない。編集部員の八割は新人だった。

扇谷は昭和十九年に応召して、中支に派遣され、お定まりの軍隊教育を受けた。しじゅうビンタをくらい、連夜の行軍にも耐えた。終戦まぎわ、桂林から漢口へ退却するときは、上衣も背嚢も捨て、夜通し駆けるように歩いた。ついに路上で倒れ、生死の境をさまよったが、なんとか生き長らえた。

扇谷は軍隊生活の経験を、新人教育に置き換えた。兵隊と新聞記者は叩けば叩くほど強くなる——これをモットーに新人を鍛えた。その鍛え方が扇谷一流のものだった。

嘉治局長命名による〝扇谷旋風〟が吹き荒れた。

手はじめに新人には短いコラムの原稿を書かせた。原稿を読んだ扇谷から、こんな罵声が飛ぶ。

「足は弱いし、頭は悪いし、のろまだし、記事は書けねェし……使いものにならねェや」（『巷説出版界』）

取材の足りない部分を指摘し、さらに書き出し、語句のつかい方、句読点の打ち方に至るまで、罵詈雑言まじりの説教が延々とつづく。途中で泣きだす部員もいた。ダメを出された原稿は、再取材して、書き直す。ある新人は、六百字足らずの「火葬場」というコラムを書くのに、五日間、火葬場に通った。連日、黒板の行先に「火葬場」と書かれているので、隣の部署のデスクが訝って「こんどの新人は、家に不幸があるのかい」と訊きにきた。

扇谷の新人教育は、当時の流行語でいえば「洗脳」だった。それまで、部員が自分なりに考えていた記事の書き方を、すべて捨てさせる。が、この扇谷流洗脳に、もし、取柄があったとしたら、それは、依怙《えこ》贔屓《ひいき》なしに、全員に行きわたったということだろう。しかも、新人教育だけでは終わらなかった。一人前と認めてからも、記事のできしだいでは、容赦なく罵詈雑言を浴びせた。

私が編集者になったとき、すでに扇谷は「週刊朝日」編集長を勇退して、出版局次長に昇格していたが、扇谷の説教の凄まじさは伝説のごとくに伝わってきた。編集部員が一週間に最低ひとりは、説教中に貧血を起こして倒れたという。

あるとき、草柳大蔵とともに大宅壮一の直弟子である末永勝介(のちに大宅壮一文庫専務理事)と雑談をしていると、たまたま扇谷の話が出た。末永は扇谷と面識があるので、先の〝扇谷伝説〟の信憑度をたしかめたら、こういっていた。

「俺も、このあいだ、えらい目に遭ったよ。ちょっと頼みたいことがあるので、気軽に会いにいったら、話が終わったとたんに、からまれた。俺の頼み方が気にくわなかったらしく、ああだ、こうだ、三十分以上やられた。噂には聞いていたけれど、聞きしにまさるものがあるよ。最後は脂汗が流れてきた」

編集者・ライター歴十数年の末永が脂汗を流したくらいだから、新人記者が貧血をおこしても、おかしくない。

しかし、この新兵教育係の〝鬼軍曹〟には、どこか憎めないところがあった。こてんぱんにやっつけられた、ある部員は、その夜、あしたは扇谷を殴ろうと固く決意した。翌朝、出社しても、決意は変わらなかったが、扇谷と顔を合わせたら、「おい、風邪引くなよ」と声をかけられて、意気阻喪した。

人と会い、話し、「当用日記」に書きとめる

この鬼軍曹は、自分に雑誌の編集ができるのかどうか、当座は自信も抱負もなかった。後年、論説委員時代に、つぎのように書いている。

《私は新聞記者として、どちらかといえば、物を知らないほうであった。いや、いまでも関心の幅のせまいほうである。

自分でやや知っていると思うのは社会部関係だが、これとて東京でのサツ回りの経験がないから、サツ記者としてはダメである。学芸といっても学問のほうはダメ、芸術でも音楽は全然ダメで、ややわかるのは浪曲、小唄だけである。まあ小説はなじんでいるが、これとて実存主義などといわれると、もう見当はつかない。（中略）スポーツ、経済はてんでダメ。プロ野球など、いまもって、パ・リーグ、セ・リーグの区別がつかない。というより、てんで覚えようとしないのである》（扇谷正造『ジャーナリスト入門』）

知らないことが多すぎた。表紙を変えようと思っても、ろくに画家の名前も知らなかった。先輩の美術記者に小磯良平、田村孝之介、宮本三郎、猪熊弦一郎、佐藤敬、岡田謙三などの名前を聞いた。そのいっぽうで、絵心の足しにしようと、美術展とい

う美術展を観て歩いた。美術展巡りは、ほぼ二年間つづいた。

人に会えば、なにか得るものがある。友人、先輩、知己に会い、雑談をしながら、閃くものがあれば、「当用日記」に書きとめた。風呂敷包みに入れて常時、持ち歩いた「当用日記」には、びっしりとプランが書き込まれていた。

昼は席の温まるひまがなかった。部員が書いた原稿は、家に持ち帰り、丹念に手を入れた。扇谷の睡眠時間は四時間くらいではないか、といわれた。イモ腹、スイトン腹の食糧難時代に、指揮官も部下たちも、よくぞ働いたものよ、と思わせるものがある。

しかし、当時は、新聞記者や編集者が腕をふるうには、あまりにも舞台が狭すぎた。食糧難時代は用紙難の時代でもあった。雑誌はザラ紙が相場で、ページ数もかぎられていた。

「週刊朝日」もザラ紙で、二十四ページしかなかった。発行部数は九万五千。用紙の割当は三万五千部分で、あとはヤミの用紙でまかなった。じつは、このヤミの用紙をめぐって、新聞界と出版界に妙な因果関係が生じた。

新聞・出版の用紙は戦時中に引きつづいて統制下にあり、内閣直属の用紙割当委員会が決定権をもっていた。委員会は新聞部門と出版部門に分かれ、それぞれ業界代表五人、学識経験者五人、商工省（のちの通産省）繊維局長の十一人で構成されていた。この委員会によって、乏しい用紙がつつがなく分配されたかというと、そうとはいいきれない部分があった。

ＧＨＱは終戦直後に戦時中の新聞統制令を撤廃した。それによって、新規刊行の新聞が輩出する。ＧＨＱ民間情報局新聞課の意向もあって、用紙割当委員会は新興紙の申請をむげには扱えなかった。終戦後のほぼ一年間に、継続、復刊、新規をふくめて、用紙の割当を受けた新聞社は百八十社、通信社は十二社を数える（新井直之『新聞戦後史』による）。

新興紙のひとつに、クオリティ・ペーパーを目ざした「民報」がある。社長は元同盟通信編集局長で、リベラル派のジャーナリストとして知られる松本重治だった。松本は戦時中、近衛文麿のブレーンに加わり、日中戦争の和平工作にも参画した。「民報」は、二十年末に発刊された。自前の印刷機をもたず、広告収入もすくなく、当然、経営は苦しかったが、なんとか三年間はもちこたえた。

《『民報』の発行部数は公称五万、実際に印刷しているのは三万から四万部であった。用紙の割当ては五万部分あり、実発行部数との差を横流しして、それが同紙の大きな財源となっていた》（『新聞戦後史』）

「民報」は由緒正しい新聞ではあったが、その実情は、公定価格で買った割当用紙をヤミのルートに流して、食いつないでいた。ほかにも「新聞の民主化」の大志を抱きながら、志半ばで屈した新興紙がいくつかあったが、事情は似たりよったりとみていい。なかには、最初から用紙割当が目当ての胡散臭い新興紙もすくなくなかった。いずれにせよ、これら新興紙から流れたヤミ紙の最大の顧客が出版社だった。当時、「文藝春秋」編集長だった池島信平は、諧謔をまじえて憤懣をもらしている。

《ほとんどのヤミ紙は第三国人の経営の新聞社から出たものである。新聞に対する紙の配給は当時、順調であり、ことに第三国人の新聞社は大威張りで公定価格の紙を獲得し、そのほとんどをヤミに流していた。日本の内閣用紙割当委員会は、「文化建設」の名によって、彼らを肥していたわけである。彼らとその代理人は一種の「乱世の雄」であった。いっそサッパリしたくらい商魂に徹していた。（中略）思えば彼らにずいぶん儲けられたものだが、また彼らのためにわれわれの雑誌も発行をつづけることができたのであるから、考えようによっては一種の恩人である。彼らは今、どうしているだろう。大儲けした彼らが、韓国や、台湾に帰って、朝鮮戦争や中国の内戦でクタバッていないことをわたくしは祈る》（池島信平『雑誌記者』）

もとをただせば、池島の憤懣は用紙割当で不当な扱いを受けたことに根ざしている。

用紙割当委員会の出版部門は、新興の左翼系新興出版社が実権を握っていた、という事情がある。

終戦時、出版界の体力は戦前にくらべると、印刷で二パーセント、用紙で一〇パーセントまで落ち、製本に至っては、ゼロに近かった。そんな劣弱な体力だったが、復興のエネルギーは残されていた。ザラ紙の粗末な製本の単行本や雑誌が、戦災をまぬかれた書店に並んだ。敗戦国民は食糧だけでなく、活字にも飢えていた。部数こそすくなかったが、出せば売れる〝出版ブーム〟が巻き起こった。

その勢いにのって、戦時中の言論弾圧で冬眠を余儀なくされた出版人たちが、いっせいに活動を開始した。ブームを当て込んで、資金を提供するヤミ成金も多かった。終戦時、なんとか体裁を保っていた出版社は、せいぜい二、三百社でしかなかったが、それこそ雨後の竹の子のように群小出版社が名乗りを上げた。

戦後早々に、日本出版会は解散し、業界刷新と民主化を旗印に日本出版協会が発足した。出版協会の加盟社は二十年末に五百六十六社を数えた。翌二十一年には二千四百五十九社、二十二年には三千四百四十六社、二十三年には四千五百八十一社に急増する。当然の権利として、正体不明の〝竹の子出版社〟も用紙割当の申請をした。

しかし、問題は出版社の数だけではなかった。出版協会加盟のバリバリの左翼系出版社を中心に、民主主義出版同志会が結成された。この新勢力が出版協会の主流を占め、「戦犯出版社追放」を旗印にかかげて、出版界を壟断せんばかりに発言権を強めた。

用紙割当の原案は、出版協会が委嘱した文化委員が作成した。文化委員の大勢は、民主主義出版同志会の意を体して進歩・革新路線を優遇した。その色合いは、はっきりと割当量に出ている。新興勢力に、〝A級戦犯〟と指弾された講談社などは、埒外におかれた。リベラル・中立の姿勢を崩さなかった「文藝春秋」の割当量は、二十一年当時、同じ総合雑誌の「中央公論」、「改造」、「世界」（岩波書店　21年1月創刊）、「展望」（筑摩書房　同）などにくらべて、三分の一しかなかった。進歩・革新路線を走った出版界の主流は、こうした用紙割当を〝民主的〟と歓迎した。『岩波書店五十年』の昭和二十一年の項には、つぎのような記述がある。

《この委員会（注　日本出版協会の文化委員）発足以後、用紙は業者の在来の実績によらず個々の出版物に与えられる建前になり、その配給が民主的に大きく是正された。岩波書店の小林勇（注　当時店長代理。のちに会長）は出版部門の議長に選出されて2年間その仕事に当った》

ただし、もともと用紙の生産量がかぎられていた。岩波書店とて、わが世の春を謳歌したわけではない。二十二年に用紙事情が窮迫した。「世界」は休刊こそまぬかれたが、ページ数を大幅に減らした。蛇足ながら、岩波書店が株式会社に改組されたのは、二十四年四月である。それまでは個人経営の〝店〟だった。『岩波書店五十年』でも、株式会社以前は従業員を律儀に「店員」と記している。

用紙事情は二十四年から好転する。新聞社も出版社も、その気になれば、割当に頼る必要はなくなった。活字ジャーナリズムは自由競争の時代にはいった。二十六年には、すでに有名無実と化した紙の統制が撤廃された。

〝出版ブーム〟の陰に用紙難アリ

扇谷正造が「週刊朝日」に席を移した二十二年七月は、出せば売れる〝出版ブーム〟のまっただ中にあった。七月十日に、岩波書店は『西田幾多郎全集』の刊行を開始する。第一巻『善の研究』の発売を待つ人が、岩波の小売部に駆けつけて徹夜で長蛇の列をなした。あの難解な哲学書が発売と同時に品切れになった。雑誌もよく売れた。毎月、「文藝春秋」ができあがる日は、リュックサックを背負った、都内や近県の書店員が社の前に行列をつくった。

しかし、ブームとはいえ、インフレが加速して、どこの新聞社も出版社も、経営は苦しかった。朝日新聞が出版局強化に乗りだしたのも、経営事情による。新聞は用紙割当に縛られて、部数を拡張できない状態にあった。端的にいえば、出版ブームにあやかって、「週刊朝日」の売上げに期待をかけたのである。

出版ブームのさなかにも、さすがに週刊誌は出現しなかった。当時の出版社にとって、週刊誌は力及ばぬ世界だった。戦前からある経済週刊誌をべつにすれば、大衆週刊誌は「週刊朝日」と「サンデー毎日」の二誌にかぎられた。「朝日」と「毎日」の知名度と実績を考えれば、計算の立てやすい雑誌だったといえる。

両誌は大正十一（一九二二）年に、ほぼ同時に創刊された。正確には「週刊朝日」のほうが一月ほど早いが、「サンデー毎日」が出て急遽、当初の誌名「旬刊朝日」を「週刊」に変更した、といういきさつがある。内容は、「週刊朝日」のほうが、やや「ニュース解説誌」の色合いが濃かったが、どちらもインテリ層向けの大衆雑誌といったところだろう。昭和初期に「週刊朝日」編集部員だった白石凡（のちに社会部長、出版局長、論説主幹）は、いっている。

《ウィークリーという発想は、日本ではまだまだといった感じだった。週一回の休みでさえもらえない人が多かった。当時の「週刊朝日」は、新聞の販売店で売れていたのだが、駅の売店でも売れた。しかし、いまのように通勤途上の電車の中で読まれるのではなく、長旅をする人たちが買っていたようだ》（岩川隆『ノンフィクションの技術と思想』）

用紙が逼迫してくるまでは、発行部数は両誌ともに三十五万部ほどだった。戦後の用紙割当時代、経営者として、用紙事情が好転すれば、と皮算用をしたくもなる。

センスのよい〝鬼軍曹〟

扇谷は昭和十年に東大国史科を卒業して、朝日新聞に入社した。ずっと社会部で通し、とりわけスクープ記者でも名文記者でもなかったが、けっして凡庸な記者ではなかった。社会部の先輩、荒垣秀雄は前記『ジャーナリスト入門』の著者紹介で、「常に新しい角度から光線をあてて問題を発掘する花形記者だった」と推奨している。

戦後、中国から復員して、整理部に席をおいたが、「四十を過ぎたら、小味な市井ニュースを書きたい」と思っていた。雑誌の編集をしたいなどと考えたことがなかった。が、本人も気づかない学芸部記者の資質も備わっていたようだ。読書量は豊富で、守備範囲も広かった。整理部のデスクをつとめながら、手が空くと、調査部の蔵書をかたっぱしから読んでいた。

高校（旧制）時代には「婦人公論」を愛読した。「この雑誌の持つモダニズムといささかの進歩主義とが、田舎の高校生には、理想の婦人像を与えてくれるような気がした」という。東大では「東大新聞」の記者になった。当時、気鋭の新進評論家だった大宅壮一と知り合い、大宅が主宰する月刊誌「人物評論」の編集を手伝った。

大宅は郷登之助というペンネームで、毎号、〝文化人〟をメッタ斬りにする人物評論を書いていた。その代表作「ニセ・マルクス四兄弟」では、〝マルクス四兄弟〟と呼ばれる有名な喜劇俳優グループが主演した映画「インチキ商売」になぞらえて、労農派マルクス主義者の大森義太郎、向坂逸郎などを、コキ下ろしている。

人物評論のほかに、「高校右翼団体物語」「東大七不思議物語」「東西低能教授列伝」などのシリーズもある。扇谷は京大の堀川直義（のちに朝日新聞記者、成城大学教授、日本新聞学会会長）とともに、いわば、その〝データ原稿〟を書いた。このアルバイトが貴重な体験になった。

それ以前から、大宅は「知的労働の集団化」を提唱していた。人物評論について、こう論じている。

《或る重要な一人物を論ずる場合に、（中略）数人でそれぞれの材料をもちよつたり、或は彼の思想、経歴、性格、業績等を各自分業的に調べあげて、一つの綜合的な人物論を完成する方法が、今のような時代には、もつと盛んに行はれていいと思ふ》（『ギャーナリズム講話』）

当時は、分業で調べたデータで人物論を仕上げるというのは、人物評論の革命ともいえる発想だった。この手法は、ルポルタージュにも応用できる。つまり、すでに松浦総三（戦後ジャーナリズム研究家）、植田康夫（上智大教授）も指摘しているが、大宅壮一は、二十数年後に週刊誌に普及した「アンカー・システム」の生みの親ということになる。

扇谷は、そのような現場に出入りしていた。自らもデータ原稿を書いて、分業に参加している。郷登之助の人物評論が、協同作業の産物であることも感じとった。後年、「週刊朝日」の編集を任されたとき、すぐ、この〝手口〟を思い浮かべたという。もちろん、その〝手口〟を実践している。大宅壮一の手法を吸収し、しかも、宝の持ち腐れにしなかったセンスのよさは、生来のものだろう。それは、社会部記者の嗅覚とはべつもので、学芸部記者ないしは〝雑誌屋〟のセンスに通じるものがある。

扇谷は、センスのよさに加えて、若い記者をシゴく鬼軍曹の資質も兼備していた。まさに、鬼に金棒である。扇谷のふだんの言動から、この男なら、やってくれるだろう、と判断した具眼の士が首脳陣にいたようだ。もうひとつ、扇谷が社会主義思想にかぶれていなかったのも、副編集長起用の一因と考えられる。

終戦直後の新聞社は、労働攻勢に揺さぶられた。中央紙のなかで、朝日と読売の労働組合は最先端にいた。朝日の初代労組委員長には、リベラル派の論説委員として通っていた聴濤克巳《きくなみかつみ》が就任した。聴濤は新聞単一労組（日本新聞通信放送労組）の委員長になり、さらに産別会議（全日本産業別労働組合会議）の初代議長の座につく。そのころには共産党に入党している。新聞単一労組は、共産党の影響力が強く、出先機関と見る向きもあった。

読売労組は〝民主化路線〟を突っ走った。二十年十月にはじまった第一次争議で、正力松太郎社長を追放し、労組委員長の鈴木東民《とうみん》が編集局長を兼任して、編集権をも労組が握った。鈴木も共産党に入党したが、ドイツ留学の経験もある学究肌の記者で、外報部長を経て論説委員になり、社内の信望も厚かった。

GHQ民政局新聞課は、拍手を送らんばかりに読売労組の闘争を支持したが、米ソ対立の激化にともなって、政策を右旋回させた。二十一年六月、GHQの全面支持を受けて、読売の経営陣は巻き返しに出た。鈴木東民など労組幹部六名の馘首を発表した。第二次読売争議がはじまったが、第二組合が結成され、数で第一組合を圧倒した。十月に、鈴木東民以下六名は依願退職、第一組合員三十一名は復社後に自発的に退社するという条件で、争議は終結する。第一組合に殉じた退職者のなかに、のちに「週刊アサヒ芸能」を創刊する徳間康快《やすよし》がいた。

朝日新聞労組は、読売闘争支援のストを打たずに、からくも踏みとどまったが、GHQから〝アカの巣窟〟とにらまれていた。経営陣としては、「週刊朝日」の将来を託す人事に、当然、組合の闘士は避けたい。その点、扇谷なら心配はなかった。扇谷は池島信平を語るさいに、「思想傾向は、私の方がほんの少し左がかっているかも知れないが、基調は、ともにリベラリズムである」と自分を品定めしている（扇谷正造『マスコミ交遊録』）。

第二章

「週刊朝日」の時代

昭和28年4月1日，第1回菊池寛賞授賞式。手前が扇谷正造，奥右は吉川英治（(C)文藝春秋 /amanaimages）

連載小説が定期読者をつかむカギ

戦前から、新聞も雑誌も、連載小説が定期購読者の獲得に大きな比重を占めていた。その典型に朝日新聞連載の吉川英治『宮本武蔵』(昭和10年8月～14年7月)がある。戦後の窮乏時代、一般庶民にとって、新聞の連載小説は毎日、確実に読める、もっとも身近にある小説だった。昭和二十二年に連載小説が復活すると、石坂洋次郎『青い山脈』(朝日)、林芙美子『うず潮』(毎日)、石川達三『望みなきに非ず』(読売)が、こぞって江湖の人気を博した。

小説となれば、新聞社では学芸部、文化部の領域である。扇谷は、小説はよく読んだが、小説家とのつき合いはなかった。超インフレ下にあって、なまじの稿料では、一流大家に頼みにくい。当時、「新生」という雑誌が、永井荷風に原稿用紙一枚(四百字詰め)三千円とか四千円とか払っているという噂が流れた。扇谷は、こんな雑誌と小説のとりっこをしたら、とてもかなわないと思った。

「新生」は戦後早々の二十年十月に彗星のごとく出現した。社長の青山虎之助は岡山出身、三十一歳の文学青年で、松岡松平（政治家）の資金援助を得て、終戦と同時に、念願の出版事業に乗りだし、素人の怖いもの知らずの経営で、まさに一世を風靡したといっていい。

印刷からして出版界の常識を破り、新聞社の高速輪転機で大量部数を一挙に刷り上げた。B5判、ザラ紙刷りっぱなし、表紙コミで一台分三十二ページの粗末な体裁だったが、執筆陣には論壇、文壇の大家が名を連ねた。創刊二号には、新興雑誌など相手にしそうもない、永井荷風の「勲章」も載っている。

これらの執筆陣に支払った原稿料が、のちのちまで語り草になった。高額の原稿料に加えて、青山は米、砂糖、酒、洋モクなどの手みやげを持参した。日に日に貨幣価値が下落するインフレの時代に、〝モノ〟の威力は絶大だった。この手みやげ付の原稿料に、やっかみ半分のオヒレがついて、荷風に三千円も四千円も払ったということになったらしい。『断腸亭日乗』によれば、青山が原稿の依頼にきて、「原稿料一枚百円より弐百円までなりとの事なり」と記されている（20年10月15日）。もっとも、二百円でも当時としては破格の稿料だった。荷風の日記には、「展望」創刊号の原稿料の明細書が出ているが、「玉稿枚数八拾九枚　一枚五拾圓也」とある。

「新生」の創刊号は、三十六万部を半日で売りつくしたといわれている。二号は六十万部刷って、発売翌日には売り切れたという。これは、やや伝説化した部数で、かなり割引する必要があるけれど、出版界の耳目を引いたことはまちがいない。翌年四月には「女性」を、二十二年三月には文芸美術誌「花」を、四月には大衆文芸誌「東京」を創刊する。いちじは、出版界を席巻せんばかりの勢いをみせたが、放漫経営がたたって、二十三年十月に姿を消した。

高額な原稿料の風説にのった扇谷には、徒花のように消えた〝成金趣味〟の雑誌を軽んじる気持もあったようだ。たしかに「新生」には、そう思わせる一面もあったけれど、けっして内容空疎な雑誌ではなかった。池島信平は、なんらふくむところなく、「いまでもこの雑誌『新生』の創刊当時のことを思うと、一種の興奮を感じる」と書いている（『雑誌記者』）。

私は青山に回想記を書いてもらったことがある（「噂」47年5月号）。そのころ、青山はビルのオーナーで、尾羽打ち枯らした風情は微塵もなかった。出版業への未練も、さらさらないようすで、「新生」失敗の因を淡々と弁じた。

「私が素人で、大出版社の力を甘くみたのが、いけなかった。それより、なにより、いちばんたたったのは、私の女道楽ですよ」

回想記にも、こう書かれている。

《……私は女体の波におぼれて、しかも、世俗的な立身出世をかならずしも幸せとせず、何者もよくなしえなかった女人遍歴をふりかえって、人の一生の幸せはあるいはこのほうにあったかとも自らを慰めるのは、負け惜しみばかりとはいえまい》

小説のはずが、瓢箪から駒で……

扇谷は、連載小説をだれに頼もうか決めかねていた。というより、すべてに暗中模索の状態だった。

そんなとき、知人から、辰野隆《ゆたか》の自叙伝はどうか、と薦められた。辰野は東大仏文科の教授で、含蓄に富んだ洒脱なエッセイをものし、また、べらんめえ調でしゃべる生粋の東京人としても知られていた。父は日本銀行、東京駅などを設計した建築家の辰野金吾で、毛並みも抜群にいい。辰野の自叙伝なら、そのまま明治・大正・昭和の文化史になるといわれて、扇谷は、その気になった。

さっそく嘉治出版局長にも同道してもらって、辰野を訪ねた。扇谷には、原稿を依頼した経験がない。てっきり引き受けてくれるものと思いこみ、社会部記者独特の押しの強さを発揮して、原稿枚数と締め切り日まで予告した。これに辰野はカチンときた。まだ書くとはいってもいないのに、無礼じゃないか、と一喝されて、扇谷は言葉に窮した。なんとか嘉治が座をとりもったが、扇谷があまりにシュンとしているのに同情したのか、辰野は、書くのはいやだが、しゃべるならいい、と妥協案を出した。フランスの週刊誌の編集長が当代の人物と対談して、それが本にもなっている、と前例があることも教えてくれた。

扇谷にすれば、乗りかかった舟で降りるわけにいかない。連載対談をするということで、なんとなく話がまとまった。当時、連載対談という形式は、まだ雑誌界に定着していなかったが、扇谷には、先鞭をつけたという意識はなかった。「これで何ページかは埋まる」と思った程度だった。

辰野隆の連載対談「忘れ得ぬことども」は、昭和二十二年十月二十六日号からはじまった。対談のゲストには野村胡堂、里見弴、荒畑寒村、長谷川如是閑、谷崎潤一郎、大佛次郎、サトウ・ハチローなどが登場して、十三回つづいた。〝当代の人物〟として、申し分のない顔ぶれだった。いまの週刊誌なら、重すぎて、読者はついてきそうもないけれど、当時は評判がよかった。じっさい、「週刊朝日」は、この連載対談がきっかけになったように、部数が伸びはじめた。扇谷は徳川夢声との対談で、「辰野先生のことを後醍醐天皇といってるんです。（笑）週刊朝日建武中興の祖…。（笑）」といっている（「週刊朝日」32年1月20日号）。これ一本で売れたかどうかはともかく、扇谷は手応えを感じた。こんな発言もある。

「いまから考えると連載対談という形式も形式なんですが、親しい人と人とが久しぶりで語り合うということがよかったんですね。つまりヒューマニズム番組だったんです」

その後、連載対談は「週刊朝日」を支える柱になった。ホストには高田保、浦松佐美太郎、獅子文六が起用されたが、たまたま連載中に、獅子文六が胃潰瘍の手術を受ける、という事態が出来した。扇谷は代役に徳川夢声を立てた。この人選は、扇谷の編集者生活で最高のヒットといえるかもしれない。

徳川夢声は無声映画の活弁士だったが、トーキー映画時代にはいると、独特の話術で漫談という話芸を開拓した。その話芸はラジオ放送で人気を博し、とりわけ戦時中に放送された吉川英治『宮本武蔵』の朗読は、老若男女の〝武蔵ファン〟をわかせた。おまけに、映画にも出るわ、エッセイは書くわ、俳句をひねって句集を出すわ――いまふうにいえば、マルチ・タレントだった。

二十四年に、夢声は「読書新聞」に小林秀雄『私の人生観』の書評を書いた。それを読んで、扇谷は、うなった――。

《片や、フランス文学の高名な評論家、知性のカタマリみたいな人。片や、雑業家、世間の言葉に従えば、活弁あがりの雑文家。だが、少なくとも、この本とこの書評は、正に互角である。いや夢声老の方が少し余裕を以て、むしろ小林秀雄氏をながめているかも知れない。そこにはもはや学問とか、知識とか、いうものでなくて、いわば〝人生の達人〟の境地がみられるのであった》(『マスコミ交遊録』)

いつか、この「人生の達人」を登場させようと機会をうかがっていた。獅子文六の胃潰瘍を奇貨として、夢声に連載対談を頼んだ。夢声をホストにして、芸能人と対談させるのでは芸がない。夢声を健康な市民、常識人の代表に仕立てて、各界の著名人と語らせる。夢声のほうは、獅子文六のピンチヒッターのつもりで引き受けた。

徳川夢声の連載対談「問答有用」は二十六年三月十一日号からスタートする。第一回のゲストは、尾張徳川家十九代目の当主で、林政史研究家としても知られる元侯爵の徳川義親だった。

扇谷は「問答有用」を、とりあえず三十回までつづけるつもりでいたが、そのころになると、夢声対談の人気は、そんな胸算用をはるかに上回った。

なかでも、奈良薬師寺管長の橋本凝胤との「蒟蒻《こんにゃく》問答」めいたやりとりが話題を呼んだ(第十四回)。この大僧正は天動説を信じて、地動説を頑として認めない。

《凝胤　こっちがじっとしてるのに、朝になっておてんとさまが出てくる、向こうが勝手に動いてるのやよってにな。

夢声　勝手に地球が回ってるってことも考えられますな。

凝胤　そら回ってるとも考えられるが、わたしアしかしちょっとも動いておらんと思うて、ジーッと座っとる（笑い）。

夢声　論そこに到ると、ちょっと……》（26年6月10日号）

打ち止めの三十回が近づいても、扇谷は、つぎのホストを決めかねていた。だれがやっても、夢声対談よりおもしろくなりそうもない、というのが本音だった。ならば、夢声でつづけるしかない、と覚悟を決めて、頼みにいった。夢声は、そのときのことをおぼえていて、扇谷との対談で「夜なかにみえましたね、なぐりこみみたいないきおいで」といっている。

回が進むにつれて、扇谷は、もうつぎのホストを考える必要がなかった。「問答有用」を読むために「週刊朝日」を買う、という読者がふえた。夢声対談は雑誌を支える大黒柱になって、四百回までつづいた。人気の秘密は毎回、オールスター級のゲストを登場させたことにある。まだテレビはなかったし、雑誌の数もすくなかったので、有名人の商品価値が現代よりもはるかに高かった。

対談というのは本来、地味なページだから、いまのような週刊誌の競合時代には、目玉商品にはなりにくい。当時は週刊誌といえば、経済誌をのぞくと「週刊朝日」と「サンデー毎日」しかなかった。「問答有用」のような人気連載対談が出てきて、両者の戦力に差がついた。

サラリーマン読者を開拓した吉川英治

しかも、「週刊朝日」には、もう一本、大黒柱が立っていた。二十五年四月二日号から連載された吉川英治『新・平家物語』が、戦後の週刊誌小説で、最初のヒットを飛ばした。

戦後の二年間、吉川英治は筆を断った。戦時中は、南方の最前線にまで飛んで、戦意高揚の従軍記事を書いた。敗戦を境に、すぐ民主主義の風潮に鞍替えできるほど、器用な人ではなかった。そのいっぽうで、武蔵の求道者精神を強調した作品は、戦時下国民のモラル形成に寄与した、と批判される羽目にもなった。二十三年、再起第一作の意欲をこめた『高山右近』を読売新聞に連載したが、作家自身の意に満たず、中断の形で連載を終えた。

それ以前に、「週刊朝日」では出版局長の嘉治が吉川に連載小説を依頼してあった。扇谷は戦前からの吉川の小説を愛読していた。いわば〝意中の人〟であり、連載に大きな期待をもった。『高山右近』で挫折した作家は、『宮本武蔵』のような大河小説の構想に没頭していた。

吉川は『新・平家物語』を書くのに、小説の執筆をこれ一本にしぼった。あえていえば、『宮本武蔵』の作家の命運がかかっていた。結果は吉と出た。『新・平家物語』は、かつての〝武蔵ファン〟にとどまらず、新たにサラリーマン層の読者を開拓した。サラリーマンの読者は、野心に燃える青年・平清盛に自分自身を重ねることができた。扇谷は、作者の意図をこう伝えている。

「この小説の主役は、しいていえば〝時の流れ〟である。しかし自分はいつも〝時感〟を頭においていた。つまり、現代小説を書くつもりでいた、現代をいつも意識していた、と吉川さんはいっていた」（『「週刊朝日」の昭和史』第二巻）

『新・平家物語』がスタートして、二月後に朝鮮戦争が勃発する。隣国の戦乱がもたらした特需景気によって、平和国家の経済は息を吹き返した。景気は上昇し、大都市を中心にサラリーマン層が形成されていったが、住宅事情は景気に追いつかなかった。通勤圏が拡大され、通勤時間が長くなった。帰りの電車で週刊誌でも読んでみようか、と手を出すサラリーマンがふえてきた。吉川英治の連載小説は、そういう読者の購買意欲をそそる役目をはたした。戦後、鳴りを潜めていたとはいえ、人気は衰えていなかった。

販売面でも「週刊朝日」に追い風が吹きはじめる。扇谷が異動するさい、販売機構が改革されて、新聞販売店でも週刊誌を売れるようになった。『新・平家物語』の評判を聞いて、読んでみたいと思ったら、新聞と一緒に配達してくれる。通勤電車に乗らない自営業者、地方の町や村の読書家などは、宅配で「週刊朝日」を読むことができる。販売店の勧誘を奨励する［一家に一冊「週刊朝日」］というキャッチフレーズも生まれた。やがて、宅配による読者の増大が、「週刊朝日」の編集方針に大きな比重を占めることになる。

ツキを呼んだ「富栄の日記」

辰野隆の連載対談がはじまってから、部数は伸びてきたが、扇谷は、雑誌の出来に満足したわけではなかった。むしろ、欲求不満の状態がつづいた。

漠然とながら、「週刊朝日」を〝ニュース大衆誌〟にしよう、という編集方針はもっていた。これは、社会部の先輩、荒垣秀雄のアドバイスによる。社会部の出だから、〝ニュース〟には敏感なつもりだった。毎号のプランに四苦八苦することはなかった。部員のあいだで、「扇谷さんは夜、床にはいって目をつむると、プランが八つくらい火花を散らしてぶつかりあうらしい」とまことしやかにささやかれた。正体のないほど泥酔していても、なにかが閃くと、眼の色から酔いが消えて、常時携帯の「当用日記」に鉛筆を走らせた。

扇谷流しごきの成果で、若い部員もトップ記事を書けるまでに成長した。扇谷が合格点を与えた記事もすくなくなかったが、〝ニュース大衆誌〟としては、どこか物足りなかった。

二十三年六月十三日深更、太宰治は山崎富栄と三鷹の玉川上水に入水した。遺体は十九日に発見された。太宰は朝日新聞に『グッド・バイ』を連載していた。書きためてあった何回分かの遺稿は、「朝日評論」に掲載されることが決まった。遺稿を当てにした扇谷は、相当に頭にきた。富栄の手記があるらしいと聞いて、入社二年目の永井萠二に「万難を排して手記をとってこい。とれなかったら、社に帰るな」と命じた。

永井は元伍長の復員兵で、扇谷の軍隊経験によれば、下士官には鍛え抜かれた強さがあった。モットーの「兵隊と記者は叩けば叩くほど強くなる」に従えば、鍛えがいのある部員だった。

永井が富栄の実家に駆けつけると、すでに手記目当ての新聞記者、雑誌編集者が殺到していた。富栄の父は頑として拒否した。永井も引き揚げるしかなかったが、扇谷怖さで翌日も起き抜けに出かけた。なす術なく門前をうろうろしていると、たまたま当主が出てきた。入水現場までいくというので、永井もついていった。老父は上水のほとりで、娘の日記は焼いてしまうつもりだ、と告げた。永井は「手ぶらでは社に帰れません。ダメなら、ここから身を投げます」と迫った。老父は、あわてて永井を押しとどめ、「他人様の息子さんまで死なすわけにはいきません」と日記を貸してくれた――以下、扇谷の文章を引用すると、

《多少は芝居気もあったのだろうが、しかし、思いつめた同君のキハクが、父親の心を動かしたのだった。私は永井君の手を握り、

「よくやった、ありがとう」

といい終るや否や、手記をワシづかみにし、

「今週は、全文これで行く」

と大きな声でどなった》（「文藝春秋」昭和35年6月号「よき先輩、よき同僚」）

アメリカの週刊誌「ニューヨーカー」に前例があった。一九四六（昭和二十一）年八月三十一日号は、全ページを費やして、ジョン・ハーシーの『ヒロシマ』を一挙掲載した。反響は凄まじく、三十万部を七時間で売りつくした。扇谷は、この壮挙を通信社のニュースで読んだだけだったが、ずっと頭にこびりついていた。週刊誌を手が

けてからは、いつか全ページ一挙掲載の雑誌をつくりたいと思いつづけてきた。
七月四日号は「愛慕としのびよる死　太宰治に捧げる富栄の日記」と謳って、日記の全文を掲載した。情死事件はスキャンダルにはちがいなかったが、富栄の日記には、薄幸な女性の真情が飾らぬ文章でつづられている。たとえば、こんな一節がある。

《決定的に自分の体はもう駄目だと思っていられるけどそんなこと判りませんわ。自らを愛してこそ人も愛せるものではないでしょうか。滅私奉公なんて、第一自分がなくてはできませんもの。
頑張って下さい。修ちゃんの命は、私が預っているのですけど、私の命は修ちゃんが預っていて下さるのですもの。

修治様
私が狂気したら殺して下さい。
薬は、青いトランクの中にあります。
十一月三十日
富栄　》

末常卓郎（編集局学芸部長）の追想記、『斜陽』のモデルと目された太田静子のインタビュー記事も載っているけれど、一冊丸ごと富栄の日記といっていい。扇谷は日記に必要最低限の［編集部注］をつけただけで、もっともらしい注釈は、いっさい加えなかった。草柳大蔵は扇谷との対談で「これが愛というものを素顔で取り上げる最初のジャーナリズムじゃないかと思うんです」といっている（『「週刊朝日」の昭和史』第二巻）。扇谷としては、「ヒューマニズム番組」の決定版、と胸を張りたいところだろう。

当時の発行部数は十三万部だったが、発売後、三時間で売り切れた。反響は、その号で終わらなかった。扇谷は、いっている。

「変なもんで、雑誌というのはいったんツキが始まると、次の週も完全に売り切れるんですよ。あれが『週刊朝日』の飛躍のスタートだ」（『「週刊朝日」の昭和史』）

ふつうなら、扇谷と永井に局長賞が出てもおかしくないのだが、まったく逆のお返しがきた。毎週、開かれる出版局合評会で、扇谷は集中砲火を浴びた。太宰と富栄の関係も、まして情死も、社会道徳に悖《もと》る。朝日新聞にスキャンダル記事は馴染まない、というわけである。「不潔だ」と決めつける編集長もいた。ふだん扇谷の顔さえ見れば、「なんとか部数を伸ばしてくれ」といっていた販売担当者まで「こういう記事では売りたくない」といいだす始末だった。四面楚歌のなかで、編集局の社会部が「ニュースじゃないか」「よく抜いた」と応援してくれた。

なんとか社内の批判はおさまったが、社外の声がおさまらなかった。なぜ、あんな記事を載せたのか、と抗議する手紙が続々と寄せられた。扇谷の辞職を要求する電報まできた。読者の反響の強さに、富栄の日記は「ヒューマニズム番組」である、という扇谷の自信もぐらついた。俺は社の信用を傷つけたのかと思うに至って、辞表を書いた。局長の嘉治は、扇谷が差し出した封筒を手にするなり破いて、「あれは、あれでいいのです」と問題にしなかった。

余談ながら、『ヒロシマ』で雑誌を完売した「ニューヨーカー」にも、後悔する男がいた。一九二五年の創刊以来の編集長、ハロルド・ロスは『ヒロシマ』のせいで、雑誌からユーモアが減ってしまったのを、五年後の五一年に亡くなるまで嘆いた。

扇谷は「いったんツキが……」といっているが、「ツキ」を「勢い」にかえたほうが、わかりやすい。「勢い」をいかに持続させるかは、編集長の手腕にかかっている。扇谷は当面、トップ記事を強力にする方針を定めた。これが、やがて「特集」という形で、日本の週刊誌に定着していく。

「ニュース大衆誌」の萌芽

二十四年四月に、『ヒロシマ』の翻訳が出版された。扇谷は、この本から、広島の惨状を知ると同時に、ルポルタージュの手法を学んだ。ハーシーは六人の被爆者に取材して、その談話だけで、爆発の瞬間から時間を追って、被害の実態を克明に記述している。扇谷は、これを「ハーシー・システム」と名づけた。

そのいっぽうで、学生時代に大宅壮一のもとで習いおぼえた「分業による人物論・ルポ」も気になっていた。談話をとるなら、記者が複数のほうが、より多くの談話をとれるし、談話主体の構成なら、新人でも書けるのではないか。「ある保守政治家・犬養健」（24年8月28日号）を、扇谷は若いふたりの部員に担当させた。

犬養健は元首相・犬養毅（木堂）の息子で、学生時代から文学を志し、白樺派系の新進作家として注目された。昭和五年、政治家に転身し、戦時中は中国で特務機関に加わり、汪兆銘（精衛）政権樹立に参画した。政治家としての実績はゼロに近かったが、戦後は毛並みのよさもあって、民主党総裁の座につき、吉田茂首相と接近して、保守合同の推進者にもなった。

ふたりの若手記者が書いた「犬養健論」は、新しい人物論の出現だった。記事の半分近くは談話なので、学者や評論家が総合雑誌に書く人物論より、はるかに読みやすい。足で集めた談話の効果で、理屈っぽいところがない。また、〝坊ちゃん政治家〟の甘さを具体的に指摘する談話が多く、野次馬の床屋政談に通じるものがあった。精巧な人物レポートとはいえないにしても、扇谷が目ざす〝ニュース大衆誌〟の一面を開拓したことは、たしかである。

もっとも、「分業による人物論」は苦肉の策だったといえないこともない。まだ若い記者が一人前に育っていなかった。〇・七人前くらいの記者をふたりにして、一人前の働きを期待したらしい。

一八七〇年代のイギリスにも、同じような足し算をした新聞人がいた。当時のイギリスの新聞は、議会報道が売りものだった。最有力紙のモーニング・クロニクルには、記憶力抜群の名記者がいて、議会審議の模様を長文の記事にまとめ、他紙の追随を許さなかった。

二十七歳の若さで新興紙のガゼッティアを買収したジェームス・ペリーは、クロニクル対策を考えた。まともに勝負したら、勝てる見込みはない。そこで、議会報道記者を何人も集めた。ひとりひとりが短い時間を担当し、担当時間が終われば、つぎの記者と交替して、記憶が薄れないうちに持ち分の記事を書き上げる。これが新聞の歴史で、記者を組織化する最初の試みだった。当然、カネはかかったが、やるだけの価値はあった。ガゼッティアはクロニクルより長くて、しかも正確な議会報告の記事を載せることができた。やがて部数もクロニクルを抜き去った。

「分業取材」に手応えは感じたものの、扇谷は記者の組織化までは思い至らなかった。毎号、雑誌をつくるのが精一杯で、組織をどうしようと考える余裕がなかった、というのが実情だろう。半面、そのころの扇谷は「週刊朝日」に骨を埋める気はなかったらしい。

じっさい、二十四年の十一月に、編集局の学芸部デスクに異動している。十二月一日付で発刊された「夕刊朝日新聞」の学芸欄を担当した。「週刊朝日」で見せた企画力を期待されたのだろう。扇谷が当時のことを書いた文章を読むと、この人事に不満どころか、初めての学芸部の仕事に張り切っていたことがわかる。

トップ記事を主力にして、「週刊朝日」の路線はできた。記者も成長した。レールさえ敷かれていれば、毎号のプランを立てるのは、編集者にとって、それほどむずかしい仕事ではない。扇谷も当面、任務を果たしたと思ったようだ。

当時は、ごく一部の特権階級をのぞけば、みんな腹を空かしていた。空き腹にカストリ焼酎を飲んだりすれば、悪酔いしないほうがおかしい。編集者や新聞記者がたむろする酒場では、派手な喧嘩もめずらしくなかった。

扇谷は「私は酔うと、やや〝乱〟になるクセがある」と自認している（前掲「よき先輩、よき同僚」）。向こう意気が強く、〝威張りたがり屋〟でもある。定年退職後に社会評論家としてテレビに出演したころは、好々爺然としていたけれど、現役時代は、しらふのときでも殺気だっていた。

二十五年ごろ、某夜、新宿の通称「ハモニカ横丁」のととやで、池島信平、小野田政（当時、「改造」編集長）、真杉静枝、源氏鶏太などが飲んでいるところへ、扇谷がはいってきた。ととやは、いわゆる〝文壇バー〟で、雇われマダムの織田昭子によれば、客どうしの喧嘩は日常茶飯事だったが、その夜の〝決闘〟は、のちのちまでハモニカ横丁の語り草になった。

最初は扇谷が小野田に突っかかったらしい。小野田も喧嘩早いうえに、腕っ節に自信があった。議論をするほどに、どちらからともなく「表に出ろ」ということになった。小野田は慣れたもので、さっとメガネを外して立ち上がった。

池島が「きみたちの喧嘩はシャモ並だ」と呆れるほど、瞬時に決着がついた。体力にまさる小野田が扇谷を組み伏せたが、扇谷もさるもの、小野田の耳たぶを食いちぎった。血がだくだく出て、両者とも戦意を失った。織田昭子が洗面器に水を汲み、タオルをもって飛び出し、小野田の顔をぬぐった……。

後日、池島がとりもって、手打ち式が行われた。以後、両者の親交がつづいたが、もうひとつ後日談があった。

昭和二十六年、小野田は改造社の山本実彦社長と喧嘩して、辞表をたたきつけた。茶道雑誌に職を得たが、ほどなく池島から電報がきた。会いにいくと「サンケイ（産業経済新聞）にはいれ」といわれた。サンケイは週刊誌の発刊を策していた。前田久吉社長に人材物色の相談を受けて、池島は小野田を推薦した。朝日の扇谷正造に耳を食いちぎられた男だといったら、そいつはおもしろい、と即座に決まったという。小野田はサンケイに入社して、翌二十七年二月に創刊された「週刊サンケイ」の初代編集長をつとめる。入社にあたって、「向う三年間喧嘩口論致すまじく」という一札を、池島にとられた。

酒場での喧嘩なら武勇伝ですむけれど、社内の喧嘩は、そうはいかないときがある。学芸部デスクになってから、扇谷は酔って同僚を殴ってしまった。これが、ただではすまなかった。労組は「暴力デスク反対」のビラを全社に配って、扇谷を攻撃した。

扇谷は殴打事件の翌日に辞表を書いた。先の「山崎富栄の日記」特集号のときをふくめて、これが入社以来、四通目の辞表だった。今回は、書くには書いたが、三人の子どもをかかえる父親の分別が働いて、なかなか決断できなかった。毎日、懐の辞表をまさぐって、辞表の日付が古くなったころ、扇谷は局長室に呼ばれた。

なんらかの処分はあるだろう、と覚悟はしていた。局長は粋な計らいをした。口頭で戒告処分を告げ、ついで「週刊朝日」への異動を命じて、「また人を殴るか」とダメを押した。扇谷は「けっして殴りません」と神妙に答えた。「出版局へ、君をやって、また事故を起されると、僕は、嘉治さん（出版局長）にすまないから」といわれて、最後のひと言を肝に銘じた。「私はガンバった」と扇谷は書いている（前掲「よき先輩、よき同僚」）。二十五年十二月、扇谷は、ほぼ一年ぶりに「週刊朝日」に復帰した。以後、酔って部下を面罵することはあっても、手を出すことはなかった。

美空ひばりのトップ記事

翌二十六年六月、扇谷は編集長に昇格する。ここから「週刊朝日」は第二の発展期を迎えた。全権を任されていたとはいえ、現に編集長がいれば、意向をまったく無視するわけにはいかない。編集長に昇格すれば、独断専行、思いのままにできる。雑誌の容量も、五十八ページにふえていた。

その年の九月八日に、サンフランシスコで対日講和条約と日米安全保障条約が調印された。「週刊朝日」九月二十三日号の巻頭に、松平康東（ソ連研究家　元外務省調査局長）の「日米安全保障条約と中ソ同盟」がのっている。安保条約の調印によって、日本も、いやおうなく米ソ冷戦の嵐の中に突入することになったという解説記事だが、その結びにこうある。

《……日本国民が、その安全を求めるならば、フーバー元米国大統領が人生哲学として、ある演説で個人の場合について述べた様に、最も安全な行き方は、最も危険な道を選ぶことであるという名言を十分味わうべきではないかと思う。中立の道には安全はない。これは古今外交史の教えるところである》

講和条約をめぐる朝日新聞の論調を考えれば、よくぞ、この論文をのせたものだと思わざるをえない。吉田茂首相が進めたソ連・中国抜きの「単独講和」にたいして、朝日は早くから中立不可侵を大前提にした「全面講和」を主張した。新聞なら朝日、雑誌なら「世界」が全面講和論の牙城だった。朝鮮戦争が勃発してから、新聞界の全面講和論は後退して、大勢は単独講和支持に傾いた。朝日も、単独講和やむなし、と苦しい弁明をしいられたが、なおも中立不可侵―全面講和のタテマエは崩そうとしなかった。

察するに、扇谷は、「講和論争」は、いたずらに一般大衆を惑わせたのではないかと考えた。現実に講和条約は締結された。このさい、朝日の社論など、どうでもいい。日本は独立国家として今後、どのような道を歩むことになるのか。それをわかりやすく解説するのが、〝ニュース大衆誌〟の役目である——扇谷にすれば、講和問題も大衆路線の一環にすぎなかった。

扇谷流大衆路線の本領が発揮されたトップ記事に、「美空ひばり——或る流行歌手の物語」がある（26年10月28日号）。当時、ひばりは十四歳。いくら〝天才少女歌手〟と騒がれても、「知識階級の新聞」を自負する朝日からみれば、たかが歌唄いの、ませたガキでしかない。扇谷は、このレポートに十一ページを費やしている。二十四年にレコード・デビューした当時から、ひばりに注目してきた芸能月刊誌「平凡」にさえ、これほどひばりの日常生活に密着して取材した記事はなかった。

この特集は三人の記者が担当した。すでに談話主体の構成を卒業して、「分業取材」の成果が人物レポートに結実している。いまの週刊誌編集者の感覚で読めば、長すぎて冗漫なところもあるけれど、それは時代による編集感覚のちがいでしかない。

当時、ひばりは精華学園の中学二年生だった。学校の出席日数は月平均五、六日だったが、勉強が嫌いではなかった。映画の撮影にはいると、精華学園の女性講師が大船撮影所近くの宿に毎晩、出張して家庭教師をつとめる。撮影がない休電日（電力使用制限対策）には、大船から新宿の学校に通った。ひばりは、授業が終わってからも、暗くなるまで校庭で級友と遊んだ。学校も協力した。ひばりのスケジュールに合わせて、一月分の勉強のスケジュールを組み、京都で撮影があれば、女性講師も同行する。京都滞在中の休電日には、同志社大の付属中学に通った。巡業にいく車中で英語の単語帳をひらいたり、撮影の合間に漢字の字画を習ったりするひばりの姿を見かけることもあった。

横浜の小学校時代も、五年生のころから欠席がふえたが、学校にくれば、黙々と勉強した。人気を鼻にかけず、クラスの子どもたちにとけこんで、興行の話など絶対にしない。十一歳の少女としては、いたいたしいほどだった。校長も「あの子はいい子ですよ。性質もめずらしいくらいよいし、学業だってちゃんと出ていたら、優等生なんですが……」と述懐している。

六年生の出席日数は三分の一くらいで、さすがに校長は「卒業させられぬ」と断を下さざるをえなかった。京都の撮影所で、この決定を電話で知らされたひばりは、すぐ学校にいきたい、と電話口で泣きだした。マネージャーは校長のもとに日参した。

卒業式後に一週間の補習授業を受ければ、卒業証書を渡すということになった。春休みの人気のない教室で、ふたりの女の子が机を並べて、補習授業を受けた——
《一人は美しい洋服に新しい靴を履いた美空ひばりであり一人はみすぼらしいつぎはぎの服装の子、家が貧しいため遠くに子守にやらされて、やっぱり出席日数の足りない同級の女の子だった》
扇谷は、このくだりが気に入った。これぞ、人気抜群の天才少女歌手の「ヒューマニズム番組」というわけだろう。

草柳大蔵の夢、梶山季之の夢

そのころ、草柳大蔵は大宅壮一の助手をつとめていた。主たる仕事は資料集めと資料調べだった。テーマに応じて、神保町の古本屋街で古本を買い集め、目を通して、大宅がつかえそうな部分を抜粋しておく。

ときに短い原稿の下書きを書かされた。草柳にとっては、テストみたいなものだ。視点を変えて、三通りの答案を書いた。最初のころは、ほとんどボツにされた。きびきびしく欠点を指摘され、悔しさのあまり、やけ酒に焼酎をあおったりもした。やがて下書きが採用されるようになり、さらに簡単な原稿の代筆も頼まれた。当時の話を草柳から聞いたことがある。

「文体だけじゃなく、字までそっくりに書いた。大宅さんの考え方はわかっているから、書くのに苦労はしなかったけれど、先生、ちがいますよ、そうじゃないですよ、といいながら書いていた」

資料調べをしながら、俺ならどう書くか、とコンストラクション（構成）を考える。できあがった師匠の原稿を読んで、うまいなあ、と感心するときもあれば、おやじ、コンストラクションをまちがえたな、と思うときもあった……。

「ただ、大宅さんが凄いのは、なにげなく軌道修正している。僕なんか、いくら真似しようと思っても、いまだにこの芸当ができない。筆が渋滞するというのは、コンストラクションをまちがえているからなんだよ。だから、僕は、そうなったら、十枚くらい書いたときでも、コンストラクションを建て直して、最初から書く。そのほうが、結果として速くできあがる。そういう意味でも、大宅さんのもとに通って、いちばん勉強になったのは、コンストラクションがいかに大切か、ということだね」

草柳は大宅のような社会評論家になる気はなかった。頭の中にちらついていたのは、『アジアの内幕』『アメリカの内幕』などの〝内幕もの〟で知られる、ジョン・ガンサーだった。週刊誌のライターになることなど、夢にも考えていなかった。

同じころ——二十七年一月、梶山季之は広島高師（旧制）の卒業を間近にひかえ、地元の中国新聞社の就職試験を受けた。試験に落ちることはまったく考えていなかった。同人誌で知り合った女性と婚約していた。就職したら結婚して、記者稼業のかたわら小説を書くつもりだった。ところが、二次試験の身体検査で両肺に空洞が発見されて、生活設計はもろくも崩れた。健康には自信があっただけに、余計にショックも大きかった。あらためて、日赤病院で検査をしてもらったら、相当な重症と診断された。

結核療養所の空きがなかったので、自宅療養をはじめたが、じっとしていられる性分ではなかった。離れで療養しているのをいいことに、夜になると抜け出して、酒場で文学談義に興じた。八月には、同人誌仲間の友人と短編集『買っちくんねえ』を自費出版し、ビアホールを借り切って出版記念会を催した。その席で、いくつかある同人誌を統合して、月刊の「広島文学」を出そう、という話がもちあがると、編集長を買って出た。雑誌が軌道に乗ったら、療養に専念する、と父親をいいくるめ、自宅に事務所をおいた。父親も黙認するしかなかった。おまけに、当座の資金までせびられた。

「広島文学」は刊行されたが、そのうちに梶山の気が変わった。もう療養所にはいるつもりはなかった。このまま、あと何年生きられるかわからないが、〃珠玉の短編〃を一編でも書けたら、血を吐いて死んでもいいと思った。そのためには、小説家志望が集まる東京へ行くべきだ。両親は許してくれるはずもないから、家出をしようと心に決めた。

二十八年四月、簡単な書き置きだけを残して、家出を決行した。なんとも無鉄砲な話だが、梶山には、なにかを思い立つと、先のことを考えずに走りだす性癖がある。上京して、自費出版の相方である友人の下宿に転がり込んだ。六月、婚約者であり、以後、生涯の伴侶となる小林美那江が上京してきた。ふたりは、ささやかな結婚式を挙げ、六畳一間の新居をかまえた……。

そのころの梶山は、小説を書くことしか考えていなかった。ノンフィクションを書くことなど、まったく頭の中になかった。

菊池寛賞を受賞する

「週刊朝日」の勢いは衰えなかった。トップ記事で話題性のあるテーマをぶつける。吉川英治の『新・平家物語』と徳川夢声の「問答有用」が読者をつないでくれるから、トップ記事は、なんでもありで、存分に暴れることができた。

野球にたとえるなら、人気抜群の連載ものは強力投手陣を擁しているようなものだ。打線の要であるトップ記事の当たりに、多少のムラがあっても、チームは勝ち星を重ねることができる。また、監督の扇谷は内外野の守備力ともいうべき、常設のコラムにも手を抜かなかった。そのひとつ、「週刊図書館」（26年2月4日号〜）は小粒ながら、いいプレーを見せた。

扇谷は、つねづね従来の書評に疑問をもっていた。評者が著者に向けて、自分の意見を述べるエッセイに等しく、読者は蚊帳の外に置かれている。文芸誌や書評専門誌なら、それでもいいだろうが、大衆相手の週刊誌には、ちがうタイプの書評が必要だと思った……。

《目標は、読まなくても内容がわかるブック・レビュー、つまりダイジェストが第一。第二は読んだ人の評価がはっきりしていること。第三は読みやすくすること》（『「週刊朝日」の昭和史』）

読んだ人の評価が主観に左右されてはいけないので、合議制をとった。これは扇谷の創案だった。浦松佐美太郎、河盛好蔵、坂西志保、中島健蔵、中野好夫、白石凡の六人による書評委員会に、とりあげる本の評価を委ねた。複数の意見がはいれば、個人の批評ではなくなるので、書評は匿名にした。この方式を扇谷は「評者と読者の酒のサカナとして本（著者）があるというわけである」と自画自賛している（『ジャーナリスト入門』）。自画自賛するだけあって、やがて、「週刊朝日」でとりあげた本なら読んでみようか、と思わせるほどの権威をもつに至った。また、「読まなくても内容がわかるブック・レビュー」は、以後、雑誌の書評の主流を占めた。

このころになると、「週刊朝日」には、ひとつの「型」ができあがった。雑誌の「型」というのは、不出来な部分があっても、大方の読者に損をしたと思わせない安定感を意味する。雑誌の種類を問わず、創刊編集長は、この「型」をつくるのに四苦八苦する。扇谷の功績は、まったく前例のない週刊誌の「型」を創りだしたことにある。日本の週刊誌は、扇谷によって出版界に市民権を得たといっても、過褒にはならない。

昭和二十八年、復活第一回の菊池寛賞が「扇谷正造と『週刊朝日』編集部」に与えられた。「岩波書店の写真文庫」も同時に受賞している。以後、出版関係の受賞は、石山賢吉＝ダイヤモンド社（30年）、「花森安治と『暮しの手帖』編集部」（31年）、「『諸橋大漢和辞典』刊行の大修館書店」（32年）、石川武美＝主婦の友社（33年）とつづく。ちなみに、扇谷の社会部の先輩で、二十一年から「天声人語」を書きつづけた荒垣秀雄は、扇谷より三年遅れて三十一年に受賞した。

菊池寛賞を受賞したころ、「週刊朝日」の発行部数は三十万部を超えた程度だった。扇谷は三十万を最初の節目と思っていたので、ひとまず肩の荷が下りたような気がした。ところが、それ以後の部数の伸びは、扇谷も予想していなかった。二十九年九月に百万部を突破した。念のためにいえば、菊池寛賞の受賞は、業界ではハクがつくけれど、販売促進にはなんの効用もない。当の扇谷は「勢いというものはおそろしいもので……」とびっくりしている（「文藝春秋」43年5月号「ニュースとともに三十三年」）。

ライバル週刊誌の勃興

二十七年には「週刊サンケイ」、「週刊読売」、三十年には「週刊東京」（34年終刊）が創刊された。新聞社発行の五誌が轡《くつわ》を並べ、「プレ週刊誌時代」とも呼ばれるけれど、実質は「週刊朝日」と「サンデー毎日」の二誌競合と変わりはなかった。「サンデー毎日」にも、辻平一という名編集長がいた。扇谷のようなアクの強さはなかったが、柔軟な編集感覚の持ち主だった。

昭和二十六年春、「サンデー毎日」の三十周年記念号に、源氏鶏太の「艶福物語」が載った。泉不動産（のちの住友不動産）のサラリーマン、田中富雄が源氏鶏太の筆名で書いたサラリーマン小説である。辻は、その短編に出てくる「三等重役」という言葉に目を止め、それを題名にした連載小説を依頼した。人気上昇中とはいえ、まだ地歩の定まらないサラリーマン作家にとっては、破格の大舞台といっていい。

『三等重役』は二十六年八月十二日号から連載がはじまった。題名の由来は、作者によれば、一代で会社を築いた立志伝中の社長が一等。「一等社長」の血族で、帝王学も学んだ世襲社長が二等。追放などで戦前の大物が退陣して、戦後、にわかに浮上したサラリーマン社長が三等。その配下が「三等重役」ということになる。当時、列車の座席で「三等」は並であり、また、「日本は敗戦で三等国になり下がった」というように、格下の意味もふくまれている。題名からして、サラリーマンの心情をくすぐる効果があった。

『三等重役』は、サラリーマンという週刊誌の新しい読者層に大受けした。連載二回目の号が発売中に、源氏鶏太は「英語屋さん」で直木賞を受賞して、サラリーマン作家の知名度は高まった。「三等重役」は流行語にもなった。

ライバルの「週刊朝日」は、吉川英治の『新・平家物語』が絶好調だった。新進作家のサラリーマン小説は、大御所の歴史小説と張り合って、大健闘した。作者が「源氏」とあって、「週刊誌源平合戦」とも呼ばれた。ただ、「平家」には「徳川」(夢声)

という強力な援軍が控えていた。結局、二枚看板と一枚看板の差で、「サンデー毎日」がリードを奪うまでには至らなかった。

三十一年二月には、「週刊新潮」が名乗りを上げた（2月19日号）。大手出版社の週刊誌への参入は、出版界の注目を浴びた。発行部数四十万部。〝創刊号相場〟もあって、売れ行きは上々だったが、おそらく扇谷は蚊に刺されたくらいにしか感じなかったにちがいない。「週刊朝日」は百万部に達して、なお部数を伸ばしていた。

「週刊新潮」の登場にタイミングを合わせたように、獅子文六『大番』（2月26日号〜）の連載がはじまった。おりから、「神武景気」と命名されるほどの好景気が出来して、株式市場は活況を呈していた。『大番』は獅子文六一流のユーモアのある〝株屋小説〟で、「ギューちゃん」の愛称をもつ主人公が、兜町で大活躍をする。庶民が夢見る一攫千金を実現させる「ギューちゃん」は、サラリーマンに格好の話題を提供した。

『新・平家物語』、「問答有用」に『大番』が加わったのは、常勝チームの強力投手陣に、もう一枚、二十勝投手が加わったに等しい。「サンデー毎日」は、源氏鶏太の『新三等重役』で対抗したが、「週刊朝日」の投手陣の厚さに一歩をゆずるしかなかった。

両誌の編集技術に、たいして差はない。トップ記事を比較しても、柔らかさと洒落っ気では、むしろ「サンデー毎日」に軍配を上げたいくらいのものだ。が、惜しむらくは、「週刊朝日」に対抗できる連載ものが一本、足りなかった。そのために、「型」をつくるまでに至らなかったといえる。当時から、「週刊朝日」が売れたのは、吉川英治と徳川夢声のおかげだ、という声が強かった。それはそれで正しいのだが、べつの一面も見逃すことはできない。

朝日に〝雑誌屋〟はいなかった

「週刊朝日」は週刊誌時代到来のきっかけをつくった。扇谷は、その要因のひとつに「企画が新聞社の発想を抜け出した」ことを挙げている。「新聞社の発想」というのは、読者層を設定しない。わかる人がわかればいい、と思っている。扇谷は、読みやすくて、わかりやすい雑誌を第一義にしたが、当初は読者の基準をどこにおいたらいいのか、考えあぐねていた。

「週刊朝日」の場合、発行部数の約四割は宅配されていた。月末に販売店の店主が集金にいくと、新聞代とともに週刊誌代を払うのは奥さんたちである。お金を払ったからには、かならず自分も「週刊朝日」を読む。サラリーマンの亭主が駅の売店で買ってきた雑誌も、家においてあれば、奥さんが読む。おもしろければ、発売日に亭主に買ってくるように頼むだろう。この奥さんたちを味方にすれば心強い――扇谷は、徳川夢声との対談で、こういっている（「週刊朝日」32年1月20日号）。

《週刊朝日がいちばんだいじに考えてる読者は、中年の奥さんたちなんです。具体的にあらわせば、旧制高女二年程度の読み書き能力に、プラス人生経験十年といったひとびとです。だんなさまの月収が二万五千円から三万円というところです。こどもがふたりぐらい、その中の末っ子の赤ん坊にそえ乳しながらも、何か本を読み、世の中の進歩に遅れまいと思う方々ですね》

扇谷はつづける。日本では、まだ男女同権の実質的社会的基盤ができてない。現在の日本の女性に、男性と同じような能力があるかどうか、疑問がある。女性は社会生活をしていないので、物の考え方が、どうしても感覚的、感情的、衝動的になりやすい。啓蒙というと口幅ったいけれど、女性が理性的にものを考えるようにしていきたい。政治・経済などの問題にしても、初めから頭をそむけるようでは困る。もっと理解と知識をもたなくては、女性の地位の向上はありえない……。

《ですから、そういう女性読者のために、政治問題、経済問題、外交問題を解説することをもって、ひとつの大きな目標としてるんです。その意味では、週刊朝日は、一

種の「新型婦人雑誌」かも知れません（笑）》
この対談が行われた当時、発行部数は百三十万に達していた。すでに扇谷は、「文藝春秋」の池島信平、「平凡」の岩堀喜之助、「暮しの手帖」の花森安治、「カッパ・ブックス」の神吉晴夫と肩を並べる出版界の名士だった。百万雑誌編集長の余裕がいわせたとも受けとれるけれど、新聞記者出身で、ここまで読者層を考えた編集者は、扇谷くらいのものだろう。
戦前の「週刊朝日」OBは、扇谷の功績を認めたがらなかった。「扇谷がなんだ！　戦後の『週刊朝日』を自分一人でつくりあげたようなことをいっとるが、戦前にわれわれが作ったときとくらべて、なかみも同じならアイデアの出しかたも同じではないか」というわけである（岩川隆『ノンフィクションの技術と思想』）。
こういいたくなる気持は、よくわかる。新聞社の発行する雑誌がニュースを建て前にすれば、似通ったプランが出てくるのは当然だろう。が、扇谷以前には、読者層まで考える〝雑誌屋〟の編集長がいなかった。「週刊朝日」の仕事を新聞記者の副業くらいに思っていた。そのために、これが「週刊朝日」だ、という「型」をつくれなかった。また、時代の流れも扇谷に味方した。白石凡の言葉を援用すれば、「ウィークリーの感覚」が、サラリーマン家庭に定着していた。

「週刊朝日」は三十二年に黄金期を迎える。三十三年の新年号は百五十万部を発行した。日本の週刊誌界で、この数字は、いまだに破られていない。

扇谷は読者層の大きな部分に家庭の主婦を意識した。その編集方針は「週刊朝日」が家庭で読まれる雑誌であることを前提にしている。扇谷自身は「ホーム・ジャーナル」という言葉をつかっていないけれど、ホーム・ジャーナルの王国を築いた。

扇谷は当初、インパクトの強いノンフィクションで売れる雑誌をつくりたいと思っていた。スキャンダルもニュースの内と思っていた。それが、徐々にホーム・ジャーナルに移っていく。その最大の要因は『新・平家物語』にあった。『新・平家』の読者は中学生から、かつて『宮本武蔵』を愛読したお年寄りにまで及んでいる。宅配が全部数の四割もあることを考えれば、これらの読者を大事にしなければならない。扇谷は女性読者を意識するようになった。

トップ記事は社会性を根幹として、そこに啓蒙性が加味された。啓蒙性は朝日新聞の社風でもあるけれど、扇谷は、それをシュガーコートするだけのセンスをもっていた。ホーム・ジャーナル路線を走って、むしろ扇谷の本領が発揮された。朝日新聞という権威をバックにすれば、百万雑誌は約束されたようなものだった。

しかし、ホーム・ジャーナル王国の出現は、出版社系週刊誌が登場する余地を封じたわけではなかった。駅のスタンドで買って、電車の中で読み、そのまま読み捨てにして、家庭に持ち込まない、「ストリート・ジャーナル」の道が残された。「週刊新潮」も、あとにつづいた週刊誌も、この路線に活路を見出した。

三十二年三月、『新・平家物語』が完結した。十二月には、「問答有用」も幕を閉じた。翌三十三年十月には、扇谷も出版局次長に昇格して、「週刊朝日」編集長の座を退いた。そのころ、振り向けば、すでに「週刊新潮」は視野にはいるほどの距離にいた。

第三章

「週刊新潮」の登場

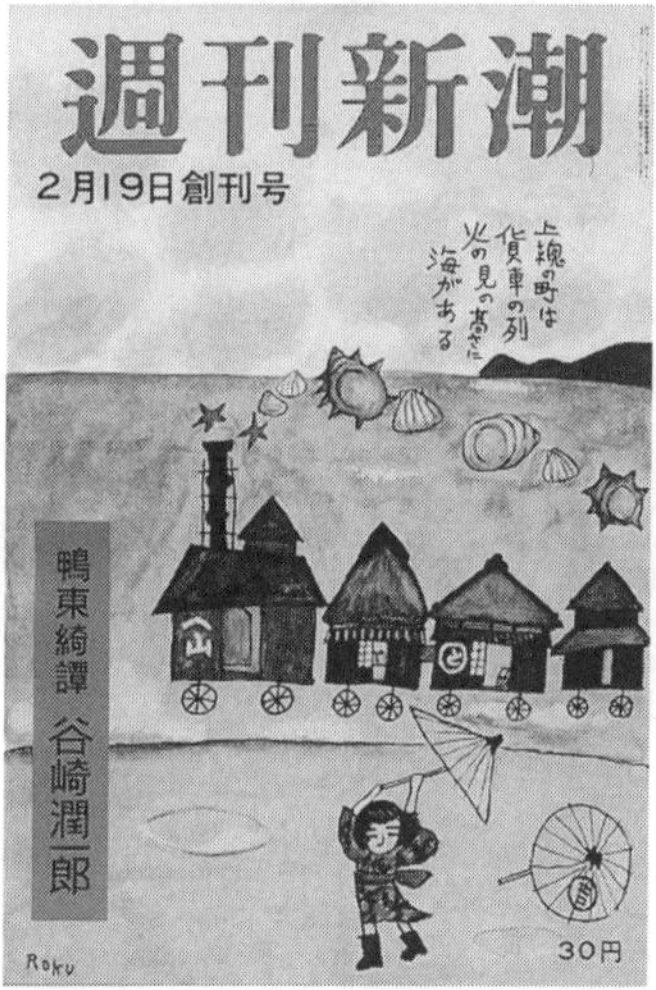

谷内六郎の表紙絵は創刊以来25年に及んだ

アイデアは脱「週刊朝日」、ヒントは「ニューヨーカー」

「週刊新潮」の創刊は、当時の出版界では革命ともいえる大事件だった。新聞社系が独占していた週刊誌界に割り込もうというのである。まさに壮図というべきだが、新潮社の当事者たちは不退転の決意で大事業に乗りだしたわけではなかった。

創刊のほぼ二年前に、週刊誌発刊の話が出た。その中心に佐藤亮一（副社長兼出版部長　当時）と斎藤十一《じゅういち》（取締役「新潮」編集長）がいた。昭和三十年早々には発刊の方針が定まったが、佐藤によれば、深く考えたすえの決断ではなかったという。文芸出版を主力にした社業は順調に伸びていた。五、六年前は五十人だった社員が百名を超えた。単行本には当たり外れがある。欲をいえば、定期に量産できる出版物がほしい。週刊誌でもはじめてみるか、というほどのプランだった。

これが難問であることは、わかりすぎるくらいわかっていた。毎夜、社に隣接する佐藤の自宅に数名の社員が集まり、あれこれ検討した。雲をつかむような話だったが、会議を重ねるうちに、なんとか出せそうだという結論に達した。役員会の了承も得た。

佐藤は、こういっている。

「新潮社っていうのは、わりあい保守的な会社なのに、役員間ですらすらっと決定した。いま考えても、あれ、不思議議だったなあ」(江國滋『語録・編集鬼たち』)

準備期間六カ月、軍資金三千万円で、「週刊新潮」は正式にスタートした。佐藤が出版部長のまま編集長の座についた。参謀役として、「芸術新潮」の生みの親でもある斎藤が加わった。斎藤は、やがて「陰の編集長」と目されるようになる。

業界筋も、大宅壮一などの専門家筋も、一様に「週刊新潮」の前途を危ぶんだ。なにしろ、ないないづくしだった。記事のネタもとになる情報網がない。社内に書き手がいない。書店以外の販売ルートをもっていない。広告収入を当てにできない――。

佐藤は、すべてを承知のうえで、いつでも撤退できる身軽な態勢でのぞんだ。新潮社には戦前、苦い経験があった。昭和七年、講談社のドル箱雑誌「キング」に対抗して、「日の出」を発刊したが、毎号、返本の山をかかえ、膨大な赤字を出した。このままでは新潮社は潰れるのではないか、という声も業界でささやかれた。十二年七月、日中戦争が勃発する。戦地向けの需要がふえたおかげで、「日の出」は愁眉を開いた。

オーナー家の御曹司である佐藤は当時、小学生だったが、子ども心に会社が窮地に陥っていることを感じた。家業を継いでからも、雑誌が泥沼にはまる事態を、もっとも警戒した。「週刊誌だしてみて、雲行きがあやしくなったら、すぐ引き返そう、もう恥も外聞もなく撤退しようと思ってたんですよ」といっている（江國滋・前掲書）。販売ルートの問題は、すぐに目途が立った。鉄道弘済会の売店（現ＪＲのキヨスク）、私鉄のスタンドなどの即売店は、むしろ大手出版社の週刊誌参入を歓迎した。問題は、やはり雑誌の中身だった。新聞社系とは異質の週刊誌をつくるという基本方針は決めていたが、それに見合った具体的なプランなどあろうはずもなかった。週刊誌の原型として、無意識のうちに「週刊朝日」を念頭においてしまう。テスト版をつくると、いやおうなく「週刊朝日」に似てくる。首脳陣は頭をかかえた。

社外ブレーンのひとりに小谷正一（当時、電通顧問）がいた。小谷は毎日新聞の事業部にいたころから、アイデアマンとして名を馳せ、井上靖の『闘牛』のモデルとして知られていた。

小谷の発想がいかにユニークかを示す一例に、毎日新聞のプロ野球参入がある。当時、プロ野球は一リーグだった。毎日はプロ野球人気にあやかって、球団をもちたがったが、巨人軍を擁する読売の圧力で頓挫した。小谷は社長の本田親男に、なにかいい方法はないかと訊かれ、しばし考えてから、「いまのリーグがあかんのなら、新しいリーグをつくったら、どないでしょう」と答えた。そんなことできるのかと半信半疑の本田に、小谷は「できるかできんかは、やってみなければ、わからんですよ」と応じた——このやりとりから、日本のプロ野球は二リーグ制へ動きはじめたといっていい。

小谷には、日本もアメリカの大リーグに倣って、二リーグ制にすべきだ、という正論めいた発想はなかった。既成概念にとらわれず、AがダメならB、という単純な発想の転換をしたにすぎない。この斬新な企画力を買われて、毎日系の夕刊紙「新大阪」の発刊、毎日放送の創設にも腕をふるった。

なんとか力を貸してやってくれないか、と旧知の井上靖にいわれて、「週刊新潮」の佐藤亮一に会った。出版にはまったくの門外漢だったが、「朝日の扇谷」に対抗心を燃やしたふしがある。さっそく、〝脱「週刊朝日」〟のアイデアが出た。

アタマに重い特集記事をもってくるスタイルに、こだわるのはおかしい。特集で勝負したら、取材力でも文章力でも「週刊朝日」に勝てってこない。オードブルのような、軽いゴシップのコラムをもってきたらどうか。新聞記者はニュースを書くのは商売だが、ゴシップに関心が薄い。噂話の類を書くのに抵抗がある。ゴシップは出版社の領域ではないか……。

斎藤十一に思い当たるものがあった。毎号、目を通していた「ニューヨーカー」の巻頭に「Going on about Town」という演劇、映画、音楽、画廊の案内コラムがある。ゴシップはついていなかったが、文芸週刊誌のオードブルになっている。これを踏襲して「映画」「演劇」「音楽・美術・本」「スポーツ」「ラジオ・テレビ」と五つの項目をつくった。総称は家元から借用して、「タウン」とつけた（のちに「映画〜美術」は「スクリーン・ステージ」「ショービジネス」「アーツ・ブックス」に変わる）。

構成は各項目、見開き二ページで、左側がゴシップ風のトピックス、右側が催しものなどの案内掲示——映画界のゴシップ記事をつくるなら、いちばん安直な方法は、新聞の芸能記者に頼むことだ。「週刊新潮」は最初から、新聞記者のアルバイト原稿に頼る気はなかった。雑誌の編集というのは、もともとは「集めて選ぶこと」で成り立っている。トピックスの各項目ごとに十数本のネタ（データ原稿）を集め、そこから三本を選んでリライトすることにした。おそらく、試行錯誤があったはずだが、できるだけたくさんのネタを集めて、おもしろいものを選ぼう、という方針が定まった。

担当者は友人知己のコネを頼りに、各業界の現場の人間に毎週、データ原稿を書いてもらうよう依頼した。ギャラは一本六千円。採用されたものには、五千円を上乗せする。大卒サラリーマンの初任給が一万一千円前後の時代だから、かなり効率のいいアルバイトだった。これだけのギャラをもらえば、書くほうも張り合いが出てくる。

切られては困るから、いいかげんなネタでお茶を濁すこともない。また、「タウン」のネタ元は、それまで出版社にはなかった情報網の重要な部分を担うことにもなった。

私の編集者時代、映画会社や民間放送の現場関係者に取材したさい、相手が「週刊新潮」のメモ帳をつかっているのを、何度も見かけた。ここにも〝タウン要員〟がいるなと思ったものだ。

「週刊新潮」が「タウン」に金をかけたのは、ひとつの見識だった。当時、六ページの特集で、飛行機をつかうような大がかりな取材をしても、一ページのコストは四万円に届かない。連載小説にしても、挿絵コミで、ページ単価三万円なら最高の部類にはいった。「タウン」のページ・コストは軽く五万円を超える。こんな贅沢なページはなかったが、その贅沢さが、ゴシップ・コラムにありがちな胡散臭さを払拭していたともいえる。

草柳流ライター心得

集まったネタを料理するリライターの人選で、草柳大蔵にお呼びがかかった。大宅壮一が昭和二十九年に長期の海外取材に出たために、とりあえず大宅の紹介で、草柳は産業経済新聞社（サンケイ）に就職し、経済部記者になっていた。大宅の助手を二年半ほどつとめて、一本立ちする頃合いを見計らっていた。

当時のサンケイは給料が安かった。残業しないと食えないので、「残業経済新聞」といわれたりした。草柳は、フリーランサーになるつもりだったから、新聞記者稼業は腰掛けでしかない。生活費稼ぎの残業をする気は毛頭なかった。そのかわりに、ライター修業もかねて、アルバイト原稿を書きまくった。

そのころ、「週刊タイムス」という週刊誌があった。ややきわものがかった読みもの雑誌で、一年半ほどで消えていったが、ここで食いつないだ作家、ライターがすくなくなかった。草柳もそのひとりで、頼まれるままに、なんでも引き受けた。特集、ニュース・ストーリー、コラムはもとより、連載小説まで書いた。「挿絵と詰将棋以外は、みんな書いたんじゃないかな」といっていた。

もちろん、特集といっても、自分で一から取材するわけではない。新聞記者のアルバイト原稿に新聞の切り抜きをつけて、これで四頁にしてくれ、というような注文だった。それでも、一本書くのに、丸々徹夜して、仮眠もせずに、勤め先である農林省の記者クラブへ出る日がめずらしくなかった。

おかげで、徹夜を苦にしない習性を身につけた。草柳にいわせれば、朝まで起きて、それから寝るのは徹夜ではない。「一睡もしないで、いつもどおり働くのが徹夜なんだよ」ということになる。

アルバイト原稿で得たのは、そんな習性だけではなかった。食えなくなったライターは、生活のために、どんなインチキ記事でも平気で書くという現実を学んだ。夫子自身がそうだったことを認めている。その経験を踏まえてのことだろう。後年、草柳グループの面々に、伝授したライター心得がある。

ライターは、いい仕事をしても、切られるときは切られる。そのとき、蓄えがないと、つい、どんな仕事にも飛びついてしまう。いちど、そこにはまったら、なかなか脱け出せない。だから、最低三カ月は食えるだけの蓄えをしておかなければならない。三カ月の余裕があれば、仕事を選ぶことができる――そんな心得を説くくらいだから、腕がよくても、原稿料がはいれば飲んだくれて、いつも懐がスッカラカンのライターを信用しなかった。

もうひとつ、草柳流のライター心得に、初めてのお座敷がいかに大切か、というのがある。草柳は、これはいいお客さんだと思ったら、初回は指定の日より三日早く、同じテーマで三通りの原稿を届けたという。編集者に自分の能力を売り込むのに、熱弁をふるっても、ほとんど相手にされない。三日前に提稿すれば、こいつなら締切の心配はない、と安心感を与えることができる。三通りの原稿を書けば、それだけ自分を評価してくれる視点がふえる。熱弁の自画自賛より、はるかに効果があるというわけだが、これはライター育成用に脚色された気配もある。私は、この話を当の草柳以外には聞いたことがない。

「週刊タイムス」の原稿を書きながら、つねに仰ぎ見ていたのが「週刊朝日」だった。相当な自信家の草柳にして、「週刊朝日」の特集を読むたびに、とうてい俺にはこれほどの記事は書けない、という思いが強かった。反面、自分が書いてみたいレポートが、徐々に形をつくりつつあった。

その源は、昭和二十四年に翻訳が刊行されたJ・ハーシーの『ヒロシマ』に発する。このルポルタージュは、こんなふうにはじまる。

《一九四五年八月六日の朝、日本時間にしてかっきり八時一五分、東洋製缶工場の人事課員佐々木とし子さんが、ちょうど、事務室の自席に腰をおろし、隣りの机の女事務員に話しかけようとふりむいたその瞬間、原子爆弾が広島上空に一閃したのである。この同じ瞬間――藤井正和博士は、広島三角州を貫流する七つの川の、その一つに臨む自分の病院の縁側に悠々とあぐらをかいて、いまや『大阪朝日新聞』を読もうとしたところだった。仕立屋の後家さんの中村初代さんは、台所の窓際に立って、隣家の人が空襲に備える防火線上に当たった自分の家をとりこわしているのを眺めていた

……》（石川欣一・谷本清訳）

つづけて、イエズス会のドイツ人司祭、赤十字病院の若い外科医、メソジスト教会の牧師が、同日同時刻に、どこでなにをしていたかが簡潔に記される。生活環境も、爆心地からの距離も異なる、この六人が全編の主役である。ハーシーは原爆投下の実態を六人の談話をもとに再現していく。書き手の「私」は、どこにも出てこない。「私」の目が見た広島の惨状は、一行たりとも書かれていない。

草柳が『ヒロシマ』について語るのを、何度か聞いたことがある。それを要約すると、つぎのようになる。

——客観主義ジャーナリズムというものを、『ヒロシマ』を読んで初めて実感した。ハーシーの文章には、いっさい「私見」がない。終始、データに語らせて、けっして大声を上げることがない。しかもなお、感動を呼び起こしている。凡百のライターは、客観主義がジャーナリズムの鉄則であることはわかっていても、つい「私見」をはさみがちで、大声も出しかねない。自分で原稿を書くようになって、あらためてハーシーの手法に脱帽した……。

草柳が自分の手法を「データ・ジャーナリズム」と命名したのは、ずっと後年のことである。アルバイト時代には、『ヒロシマ』と「週刊朝日」のふたつが、つねに頭にあった。「週刊朝日」の特集の談話を主体にした構成に、『ヒロシマ』に通じるものを感じていた。それに対抗できるものを、「週刊新潮」に参画してから模索することになる。

「マスコミ通り、文学通り、マルクス通り」

「週刊新潮」が始動したころ、まだライターという職業は確立していなかった。総合雑誌のルポルタージュ風の記事には、取材のイロハも知らない評論家や大学教授が登用された。もとをただせば、出版界全体に、ノンフィクション・ライターを育てようという機運が生まれていなかった。とりわけ弱小出版社にとって、無署名記事を書くライターは、ページを埋めてくれる便利屋で、つかい捨てもできる重宝な要員だった。

そんな浮き草稼業でも、自ずと評価は定まってくる。当時の出版界は、いまとちがって、狭い業界だった。草柳という〝安くて、速くて、うまい〟ライターがいることは、しぜんに雑誌編集者の耳にはいった。「週刊新潮」の特集班デスクで、のちに二代目編集長になる野平《のひら》健一は、草柳と面識もあった。

両者とも学徒動員の世代である。野平は京大文学部仏文科在学中に海軍に入隊したが、特攻隊をまぬかれた。戦後、復学して、昭和二十一年に卒業し、新潮社に入社した。配属された「新潮」の編集長が斎藤十一だった。以後、一貫して文芸畑を歩み、同業者のあいだでは、太宰治の『如是我聞』を口述筆記した編集者として知られていた。太宰には「きみが、句点の調子や、文章のくせをよくおぼえてくれたので、とても早く、進んだね」といわれた（野平健一『矢来町半世紀』）。これは、口述の書き手にとっては、最高の褒め言葉であり、また、野平のセンスのよさをうかがわせる。

斎藤も野平のセンスを買っていた。「週刊新潮」への異動を命じられたとき、野平は素直に応じなかった。文芸編集者になるために、新潮社にはいったのであって、いまさら新聞記者もどきの仕事などできない。どうしてもというなら、会社を辞める、とまでいいだして、自宅に引きこもってしまった。このあたりは、扇谷正造が社会部から「週刊朝日」に移るときと似ている。野平は、だれに説得されたわけでもなく、自分で納得して、ようやく三十年の暮れにスタッフに加わった。

草柳は陸軍の特攻隊員だったが、軍隊時代の話を私は本人の口から聞いたことがない。ただ、いちどだけ、それに類した話を聞いた。「マイカー時代」のはしりに、たまたま自動車教習所を取材したときに、指導員が運転席に座らせてくれた。「飛行機にくらべたら、自転車みたいなもんだった」とけろりとしていた。

戦後、東大法学部政治学科に復学してからは、共産党細胞の活動に入れ込んだ。ジャーナリスト志望だったので、一般企業に就職する気はなかった。「マッカッカだったから、まともな会社にははいれなかった」ともいっている。朝日新聞の就職試験を受けたが、採用されなかった。これは左翼運動のせいではなく、おそらく、ありあまるほどの才気が、かえって裏目に出たらしい。

二十三年に卒業して、八雲書店に入社した。八雲書店は戦後文学の興隆に一役買った出版社で、役員に「近代文学」同人の文芸評論家、久保田正文がいた。左翼系の出版物も多く、労働組合はマッカッカだった。業界で冗談まじりに「八雲は共産党に乗っ取られた」という向きもあった。

草柳は『中野重治国会演説集』や農業経済学者、栗原百寿の論文集などを手がけた。文芸は直接の担当ではなかったが、もともと小説はよく読んでいた。編集室には、しじゅう作家や評論家が出入りしている。そういう現場にいれば、しぜんに文学への関心も深まってくる。水上勉のデビュー作『フライパンの歌』を読んで、この新人を登用すべきだ、と上司に進言したこともある。作家や評論家を訪ねる機会もあったので、他社の編集者とも顔を合わせた。「新潮」の野平健一と会ったのも、そのころである。

大宅壮一は「週刊誌のライターは、マスコミ通り、文学通り、マルクス通りから出ている。草柳君は三つの通りを全部、通ってきた」と評した。草柳には、純粋に文学を志向した時期はなかった。大宅の評は、やや点が甘いけれど、しいていえば、八雲書店時代が「文学通り」に当たる。ちなみに、梶山季之は「文学」と「マスコミ」のふたつは通ったが、「マルクス」とはまったく縁がなかった。

組合の専横がたたって、八雲書店の社業は低迷した。草柳は二十四年の夏に人員整理の憂き目を見た。一年数カ月の経験で、共産党細胞の活動が、いかに編集活動の足を引っ張っているかを身をもって知った。以後、「マルクス通り」に引き返すことはなかった。

つぎは自由国民社で禄を食んだ。社長の長谷川国雄は『現代用語の基礎知識』を出した（23年10月刊）ことでもわかるように、才覚ある編集者だったが、ワンマン社長で、徹底した商売人でもあった。編集方針は売れ行き第一主義で、編集者の文学志向などが介在する余地はなかった。経営方針もシブチンに徹して、鉛筆一本、原稿用紙一枚にまで目を光らせた。

のちに草柳グループに客員の形で参加する、元「改造」編集者の松浦総三も、同じころ自由国民社の仕事をした。編集室でザラ紙の二百字詰め原稿用紙に原稿を書いたとき、一枚反古にしたら、とたんに長谷川が飛んできて、「きみ、原稿用紙はタダじゃない」と注意されたという。編集者が喫茶店で仕事の面談をするさい、相手がケーキを食べると、そのむね請求伝票に書かされる。草柳は「〃先様ケーキ〃と書いた伝票をずいぶん出した」といっていた。

当然、仕事でも長谷川の商業主義にしごかれた。「アメリカ帝国主義と長谷川帝国主義と二重に占領されていた」ともらしているが（植田康夫『現代マスコミ・スター』）、得るものがなかったわけではない。実用書を担当して、『酒飲みとタバコ飲みのバイブル』『買いもののバイブル』などのシリーズは、ベストセラーにもなった。それらの編集を通じて、草柳は大衆感覚に肌で触れた。

また、足で集めたデータが、いかに大切であるかを実地に学んだ。買い物がテーマなら、デパートに何度も通って、店員や仕入課長の話を聞いた。おもしろいデータがあれば、筆者も乗ってくる。そのころの経験を踏まえてだろう。私の駆け出し時代、「編集者の役割というのは、ライターの力を引き出して、さらに、それを増幅させることなんだ」と教えられた。

この手の実用書は、拙速まがいの速成が求められる。筆者は決めてあっても、仕事の進行しだいで、編集者と共著みたいになる。草柳は、せっせと原稿を書いた。松浦総三は「あのころから、うまかったねえ」と讃歎していた。幸か不幸か、おまけに速かった。雑用でも頼まれるように、一銭にもならない社内原稿を書かされた。朝十時に出社して、夜十時に退社すれば早いほうだった。

人づかいの荒さに我慢しきれず、一年足らずで自由国民社を辞めた。新興の出版社を転々としたが、いずこも似たり寄ったりで、また自由国民社に舞い戻った。すでにノンフィクション・ライターになる意志を固めていた。たまたま大宅壮一に原稿を依頼する機会に恵まれた。仕事を手伝ってくれないかと大宅にいわれて、躊躇しなかった。翌日、辞表を出して、大宅のもとに参じた。三年数カ月に及んだ編集者生活の効用を、草柳はこう語っていた。

「いちばん大きいのは企画を立てるクセがついたということだね。おかげで、なにかいいプランはないか、と編集者に訊かれたときに、いつでも、その雑誌に合わせて、三つは出せるようになった。お仕着せのテーマを取材して、原稿を書くだけのライターなら、どこにでもいるもの」

産経新聞にはいっても、新聞記者で世に出るつもりはなかった。取材力をつける訓練ができればいいと思った。経済部に配属され、農林省を担当したのも都合がよかった。時の農林大臣は、豪腕で鳴らした河野一郎だった。河野の言動は国政の中枢を左右する。日常の取材を通して、政治のメカニズムを知ることができた。

はからずもアルバイト原稿を書きまくる羽目にはなったが、訓練のつもりなので、記者の本業も手を抜かなかった。「安月給以上の仕事はしたと思う」といっていた。大臣や高級官僚の自宅に夜討ち朝駆けもした。神奈川県を地盤にする河野は、草柳が横浜出身と聞いて、目をかけてくれた。政治部の河野番記者をさしおいて、特ダネ級のネタをもらったことが何度かあったという。

陰の天皇・斎藤十一

「週刊新潮」では、「タウン」のリライトをさせられた。テスト版用だったが、佐藤編集長と参謀役の斎藤十一は、草柳の原稿に合格点をつけた。斎藤のオメガネにかなったのが大きい。「週刊新潮」発刊後、十指にあまるライターが特集に起用されたが、ほとんどが一回で斎藤に切って捨てられた。

草柳はサンケイを辞めて、ライター一本の生活に踏み切った。当初の役柄は「タウン」のリライターだったが、意外に早く特集を書くチャンスがめぐってきた。創刊号の特集「オー・マイ・パパに背くもの——父と子のモラル戦後版」の原稿ができたが、いかにもつまらない。ためしに草柳にリライトさせたら、みごとに変身した。草柳の評価は、一気に高まった。以後、斎藤は多少おどけて「センセイ」と呼ぶときもあった。どうにもならない原稿があると「センセイに頼もう」と草柳を起用した。やがて、草柳自身が取材して、特集記事を任されるまでになった。

斎藤十一は「週刊新潮」の〝陰の編集長〟とも〝陰の天皇〟とも称された。つねに〝奥の院〟にいて、表向きの顔をもたなかった。作家と銀座の酒場で飲むこともないし、パーティの類も自社主催のものにしか出ない。新聞、雑誌のインタビューも、いっさい受けつけず、半ば現場を退いてから、いくつか応じただけだった。公表された文章は、「新潮」の編集後記以外は書いたことがない。しかもなお、凄腕の編集者であることは知れ渡っていた。

経歴をざっと記すと、大正三（一九一四）年、小樽市に生まれ、三歳のときに一家は東京に移住した。麻布中学の少年時代からクラシック音楽に魅せられた。早大理工学部に入学したが、文学・哲学書に傾倒し、やがて行李一杯に本を詰めて家を出た。房州の寒村で寺の一間に住み込み一年間、晴耕雨読の生活をした。家に連れ戻されて、父親の意向で、当時の新興宗教「ひとのみち教団」（現PL教団）に入信させられた。ここで、新潮社の創業者、佐藤義亮と出会った。佐藤は教団の熱心な信者だった。

斎藤にとって、「ひとのみち」はどうでもよかったが、佐藤との出会いが将来の道を定めた。佐藤に見込まれて、孫の亮一（「週刊新潮」初代編集長、三代目社長）の家庭教師をした。昭和十年、二十一歳のとき、早大を中退して新潮社に入社する。

青年時代の斎藤について、伊藤整は「戦時中までは、カミソリのやうな、とはかういふ人のことだらう、と思ふやうな人物であつた」と書いている（「新潮」昭和38年8月号）。戦争末期に休刊していた「新潮」が二十年十一月に復刊されたとき、斎藤は三十一歳の若さで編集長に抜擢された。翌年には取締役に就任した。なお、伊藤整が「戦時中までは」と注釈をつけたのは、戦後は年齢とともに中年太りがはじまって、すくなくとも体型は「カミソリ」のようではなくなった、という意味に解していいらしい。

「新潮」を任された斎藤は、従来の文芸誌という枠にとらわれなかった。ノーベル賞を受賞した湯川秀樹と小林秀雄の対談を、雑誌のほぼ半分を割いて載せている（23年8月号）。カミュの『異邦人』を掲載したのも、斎藤の眼力による（26年6月号）。この翻訳小説は中村光夫と広津和郎の「『異邦人』論争」を生み出し、読書界の話題をさらった。かつて斎藤と同じ職場にいた妻の美和は、夫の没後、つぎのように回想している。

《実は、当時の齋藤は『文藝春秋』を意識していたんですよ。総合雑誌として文芸のみならずさまざまな時事問題を扱って、にぎやかな誌面を作っていた『文藝春秋』を随分とうらやましがっていました。それに、齋藤がその生涯でライバルとして認めていた編集者は、文藝春秋の池島信平さんだけでした。

「もし文学の世界にオリンピックがあったら、僕は池島さんと競争してみたいねえ」

珍しく、こんなことも言っていたんです》（「諸君！」平成13年7月号「夫・齋藤十一」）

その池島も、おそらく、原稿を読む速さでは、斎藤に一目も二目も置いたにちがいない。斎藤は、たいていの原稿を、一枚二、三秒の速さで読み飛ばした。端から見れば、ただめくっているようなものだが、作品の良否を決める判断力には、いささかの狂いもない。新人作家が持ち込んだ原稿を読んで、ここはこう書き直したほうがいい、と指摘するのに、ものの十分とかからなかった。

剣豪小説『柳生武芸帳』の誕生

斎藤が切れ者の編集者であることは、だれしも認めるところだった。伊藤整は「私の印象では目から鼻に抜ける、といふ日本語は斎藤十一のために作られたやうな言葉であつた」と評している（「新潮」昭和30年4月号）。「時事問題を扱って、にぎやかな誌面」をつくる週刊誌は、斎藤が望んだ舞台でもあった。

しかし、当然とはいえ、勝手がちがった。出版社の特色を出す週刊誌をつくるという基本方針はあっても、戦力不足は目に見えている。行き着くところは、餅は餅屋で、文芸路線しかなかった。心強いことに、谷崎潤一郎の連載が決まっていた。創刊号（31年2月19日号）には、読切をふくめて、五本の小説が並んでいる。

〈連載小説〉谷崎潤一郎『鴨東綺譚』
大佛次郎『おかしな奴』
五味康祐『柳生武芸帳』
〈読切小説〉石坂洋次郎『青い芽』
〈読切連載〉中村武志『目白三平の逃亡』

連載の目玉は、もちろん谷崎潤一郎である。谷崎は志賀直哉と並ぶ別格の大御所だった。発刊後、新潮社は「大谷崎」に一枚（四百字詰め）一万円の破格の原稿料を払ったそうだ、という噂が流れた。大佛次郎はインテリ好みの人気作家で、大家の域に達していた。この両者に配する五味康祐の登用に〝新潮色〟、あえていえば〝斎藤色〟をみることができる。

五味は斎藤の知遇を得て、作家への道が拓かれた。大阪から上京して、放浪者同然の生活をしていた五味の天分を、斎藤は見逃さなかった。五味は斎藤が世話した新潮社の社外校正をしながら、小説を書きつづけた。コチコチの純文学志向で、何カ月もかけて短編を書き上げる。斎藤に送ると、そのたびに「貴作拝見、没」と達筆で大書したハガキが届いた。やがて、斎藤に勧められて書いた「喪神」で、二十八年に芥川賞を受賞した。「喪神」は、やがて巻き起こる〝剣豪小説ブーム〟の先駆をなした。さらに「柳生連也斎」（「オール讀物」30年10月号）によって、声価を高めた。

そのころから、この剣豪小説の鬼才は、稀代の遅筆家で通っていた。「柳生連也斎」は三回締切に間に合わず、四回目に、最後は印刷所の一室で書き上げて、ようやく日の目を見た。いまでは、時代小説の古典と評価の定まっている『柳生武芸帳』も難渋した。電子メールで毎度、すんなり原稿を受け取っている昨今の編集者からみたら、それは、お伽話の世界かもしれない。

「週刊新潮」の発刊が決まって、すぐに斎藤から連載を頼まれた。ずっと以前に、「なにか書きたいものはあるか」と訊かれて、「柳生但馬守を書いてみたい」と答えたのを、斎藤はおぼえていた。それを書けというわけだが、柳生の正体は忍者くさい、と思いついただけで、なんの腹案もなかった。そのへんは斎藤のほうも心得ている。放っておいたら、なにもしないのはわかっているので、創刊前年の秋口に、駿河台の山の上ホテルにカン詰めにした。

五味は、出版社初の週刊誌という大舞台に、自分のような駆け出しが起用されるとは夢にも考えていなかった。いいかげんなものは書けない。早めに何回分か書いて、斎藤に見てもらおう、と意を決してホテルにこもった。ところが、四十日、居つづけて一行も書けなかった。斎藤のほうも鷹揚なもので、気分を変えさせるために、こんどは音羽の閑静な住宅街にある旅館に送り込んだ。ここに一月以上もいたが、やはり一枚も書けない。ただ、『柳生武芸帳』という題名が思い浮かんだ。まだ、「武芸帳」という言葉は、時代小説でつかわれていなかった。

ホテルや旅館にいると、夜に出歩くクセが出やすい、と五味は反省して自宅に戻った。年が明けても、成果はゼロだった。雑誌の創刊号はお披露目と同じだから、見本を早くつくる。小説の原稿は、ぎりぎり発売日の二週間前にはできていなくてはならない。ついにデッドラインがきて、徹夜で第一回の半分まで書いた。その朝の模様を五味は書いている。ト書きをつければ、たまたま妻は実家に帰っていた。

《……独り暮らしで、机に俯伏せに眠っていたら、勝手口から踏み込んだ斎藤氏にたたき起こされた。この時ばかりは一ぺんに目が覚めた。併し何ともお恥ずかしい次第であるが、まだ出来とりまへん、というわけで、出来た分を斎藤氏は鷲摑みにし、つづきを昼までに必ず書きあげてくれ、そら書きますと私は答え、たしか昼すぎに書きあげてオートバイに渡した》（「噂」46年11月号）

シバレン、吉田茂と人気連載がヒットする

佐藤も斎藤も文芸路線に安住するつもりはなかったが、ある程度の目算は立てていた。斎藤は「タウン」欄のヒントを得た「ニューヨーカー」を、当面のモデルにしたのではないかと思われる。

「ニューヨーカー」はニューヨークを中心に、インテリ層の固定読者をつかんで、三十万部売れていた。編集長のハロルド・ロスは、それ以上の部数を望まなかった。そのかわり、頑として創刊以来の編集方針を貫いた。短編小説、エッセイ、コラムを主体にして、マンガは載せても、写真はつかわない。ごくたまに犯罪実話を載せた。その種のノンフィクションをつづければ、もっと部数もふえるのに、という声もあったが、ロスは耳をかさなかった。

小説を選りすぐりの短編だけにするほどの度胸は、「週刊新潮」にはなかったが、文芸ものなら、斎藤をはじめ目利きがそろっていた。「週刊朝日」の顰《ひそみ》に倣えば、連載小説で読者を引きつけることができる。表紙には、斎藤の発案で文藝春秋漫画賞を

受賞したばかりの谷内六郎を起用した。谷内の絵は、従来の表紙絵のイメージからかけ離れていた。雑誌の巻頭には、カネと手間をかけた「タウン」がある。新聞社系週刊誌にはない特色は、いちおう出ている。すぐには大部数を望めなくても、ノンフィクション部門が育つまで、ひと息もふた息もつけるのではないか、と読んで創刊にのぞんだ。

創刊号は四十万部をほぼ完売した。いまとちがって、雑誌の数がすくなかった。大手出版社の雑誌創刊は、お祭りみたいなものだから、売れて当然でもあった。とくに「週刊新潮」の場合、出版社初の週刊誌進出だから、注目度も高かった。

二号からは発行部数を三十五万部に落とした。実売部数は漸減傾向をたどり、採算点である実売二十万に近づいた。業界では「半年もつかどうか」と案じる声も出た。おまけに、そこへ予期せぬ事態が出来した。谷崎の小説にモデル問題でクレームがついた。谷崎はヤル気をなくして、連載を放り出してしまった。売りものの連載小説は六回で中断する羽目になった。

皮肉なことに、この事件がツキを呼び込んだ。「大谷崎」のモデル事件をマスコミがとりあげ、そのパブリシティ効果で「週刊新潮」の知名度が高まった。『鴨東綺譚』が途絶えた翌号から急遽、石原慎太郎『月蝕』の連載がはじまっている。売れ行きが落ちることもなかった。さらに、救世主のように、柴田錬三郎の『眠狂四郎無頼控』が登場する。

斎藤は創刊以前から、新種の時代小説家を物色していた。五味康祐に、だれかいないか、と打診したことがある。五味は柴田錬三郎（以下シバレン）を挙げた。シバレンは昭和二十七年に「イエスの裔」で直木賞を受賞していた。当然、斎藤も作品を読んではいたが、「新潮」の編集長だから、直木賞の新進作家とは縁が薄かった。そのころ、シバレンは時代小説を何本か書いていたが、純文学志向が尾を引いて、時代小説専業に踏み切れずにいた。五味は、シバレンならおもしろいものを書くはずだと推奨した。

シバレンは無名時代に才筆に任せて、カストリ雑誌に小説を書きまくった。かたわら、生活費稼ぎに、世界文学の名作を少年少女向けにリライトした。これが、むだにはならなかった。大衆小説のストーリーをつくるコツを学んだという。後年、小説作法について、こんなくだりがある。

《極端ないいかたをすれば、「ハムレット」と「モンテ・クリスト伯」と「三銃士」をいかにミックスするか、その板前の庖丁の冴えで、いくらでも面白い大衆小説はつくれる、と思うのである》（『「わが毒舌」抄』）

「週刊新潮」が世に出たころ、シバレンは毎日新聞の学芸欄に匿名で文壇時評のコラムを書いていた。たまたま、某流行作家の時代小説を槍玉に上げ、この程度のものなら、月に二十編でも書いてみせる、と啖呵を切った。この一文に斎藤の触覚が反応した。匿名子の正体が柴田錬三郎と知って、五味の推挽と重なったにちがいない。さっそくシバレンを訪ね、先の啖呵を言質に連載を頼んだ。

シバレンが、あれは匿名だから、つい筆がすべった、と弁明したが、相手にされなかった。もともと斎藤は口数がすくない。このときも、剣豪小説で毎回読み切りの連載、締切は一月後、といった以外は、なんの注文もつけなかった。文壇に出たての新進作家と、新潮社の重役でもある辣腕編集者では、力関係は歴然としていた。「あれは恫喝されたようなものだ」とシバレンは苦笑まじりに語っていた。

『眠狂四郎無頼控』は三十一年五月八日号から連載がはじまった。異形のニヒリスト剣士は初回から、絶世の美女を犯し、秘剣「円月殺法」を披露する。回を重ねるごとに、醇風美俗に背を向けた狂四郎の行動は異彩を放ち、「円月殺法」もいよいよ冴えわたった。

もっとも、この時代小説の新ヒーローは、すんなりと誕生したわけではなかった。最初のうちは毎回、原稿ができあがるたびに、斎藤から注文が出た。次回は剣戟場面を入れろ、もっと色気がほしい、——書き直しをさせられることもあったが、シバレンの筆は斎藤の注文を上まわるできばえをみせた。当初二十回連載の予定だったが、狂四郎の活躍とともに部数はのびはじめた。連載を五十回にのばしたが、そのころには、眠狂四郎は「週刊新潮」の大黒柱になっていた。『眠狂四郎』の第一次連載は百回までつづいた。

『眠狂四郎』を担当したのは、デスクの麻生吉郎だった。麻生は、おおらかな編集者で、シバレンは「あいつに原稿の催促をされた記憶がない」といっていた。たしかに、締切をきっちり守る作家だった。大衆小説一本を書くのに、俺は締切に追われて呻吟したりはしない、というところを見せたいシバレン一流のダンディズムともいえる。しかし、『眠狂四郎』は毎回の読み切りだから、ストーリーに行き詰まるときもある。それを見計らったように、麻生から電話がかかってくる。「たまには息抜きしませんか」と夜の巷に誘い出してくれた。「それが小憎らしいほどタイミングがいいんだ」とシバレンは半ば呆れ顔で感心していた。

麻生はカードのギャンブルに特異の才をもっていた。とくにブラックジャックは、海外のカジノでも負けたことがなかった。某夜、銀座の酒場で、野坂昭如がジャンケンなら勝負になるだろう、と麻生に挑戦したが、十回に一回も勝てない。「だって野坂さん、なにを出すかわかっちゃうんだもの」と同情される始末だった。

麻生は吉田茂の女婿・麻生太賀吉の縁戚にあった。太賀吉は〝麻生財閥〟の御曹司で、自民党議員ではあったけれど、それより、岳父の政治資金援助者として名を馳せた。

当時、引退した吉田茂元首相の談話が、旧〝吉田学校〟の池田勇人、佐藤栄作などによる編纂委員会でまとめられていた。麻生は、その掲載権獲得の任を命じられた。太賀吉に打診すると、すでに朝日新聞と文藝春秋が名乗りを上げているという。指し値は新潮が用意した額をはるかに超えていた。だいたい、この手の回想録は、出版社なら文藝春秋が強い。

麻生は、べつのカードを切った。連載終了後、単行本にするさいの初版部数、造本、装幀、重版の見通しなど詳細な出版計画を提示した。これが、計数好きの池田勇人の気に入ったらしい。「将来のプランまで出したのは新潮だけだ。オヤジも金額のことで文句はいうまい」と乗り気になった。太賀吉の後押しも大きかったにちがいないが、回顧録の掲載は「週刊新潮」に決まった。

『吉田茂回顧録』は十一月十二日号から二十五回連載された。戦後史の欠かせぬ証人である元宰相の回顧録は、雑誌をナショナル・ブランドに押し上げた。端的にいえば、駅のスタンドや書店で、「週刊朝日」の読者をも「週刊新潮」に惹きつけた。『眠狂四郎』の人気と相まって、部数は五十万部に達した。

翌三十二年には、〝剣豪小説ブーム〟が巻き起こる。『柳生武芸帳』も佳境にはいっていた。五味康祐と柴田錬三郎はブームの主役だった。「週刊新潮」は期せずして、ブームの恩恵を受けた。業界では、「週刊新潮」の前途を危ぶむ声が聞かれなくなっただけではない。二匹目、三匹目のドジョウを狙う出版社が出てきた。

第四章

開花した
ストリート・ジャーナル

大宅壮一（中央）と「ノンフィクション・クラブ」の面面。後列右から3人目が草柳大蔵（(C)文藝春秋 /amanaimages）

「俗物主義」を徹底させた斎藤・野平コンビ

『眠狂四郎』と『吉田茂回顧録』で、「週刊新潮」は固定読者をつかんだ。部数も伸びたが、順風満帆というわけではなかった。創刊以前からの懸案であった特集記事は、暗中模索をつづけていた。特集デスクの野平健一は当時を振り返って、こういっている。

《形式が全然頭にないわけだから、何やってるのだかわからないままやってるわけです。やってるほうがわからないんです。だって当時の記事読んでごらんなさいよ。見てられないような記事書いてるよ。非力なんです》(「正論」昭和57年10月号の座談会)

多少は謙遜の意味もあるだろうが、九割方は本音とみていい。野平は特集を統括するデスクだったが、自ら取材して原稿も書いた。特集の製作日数は、せいぜい三、四日にすぎない。ときには半日取材で、原稿を押し込む。取材も特集の原稿書きも初体験だった野平が、「非力」を感じないほうがおかしい。同じ座談会で、小説を主軸にしたのも、その方法しかなかったからで、「自力がない。しようがなしに作家に頼むわけです」とも語っている。

新聞社系の週刊誌とはちがうニュースをぶつける、という特集の方針は創刊前から決まっていた。およそマスコミの取材に応じなかった斎藤十一に、唯一ともいえる公式発言がある。

《……それまで新聞社が扱うニュースというと、一般的にいって、無色透明なものが多かった。へんにスマしたものばかりだったといってよいかもしれません。

それにたいして、うちの基本姿勢は、〝俗物〟主義でした。人間という存在自体がそうでしょう。どのように聖人ぶっていても、一枚めくれば金、女、その他……それが人間なのですよ。だから、そういう〝人間〟を扱った週刊誌を作ろう……あっさりいえばただそれだけでした。悲壮感はないし、流水淡々という状態でしたね」（岩川隆『ノンフィクションの技術と思想』発言時は52年）

これは、いささかカッコよすぎるきらいがある。特集のプランは佐藤と斎藤と三人のデスクが協議したが、ほとんど斎藤の一存で決まった。たしかに、「俗物主義」の基本姿勢は一貫していたかもしれないが、プランのもとになるネタが弱かったし、取材力も未熟だった。当然、現場は「流水淡々」どころではなかった。

斎藤はプランを決めるだけで、あれこれ説明しない。その意図を部下に解説して、取材させるのが野平の役どころだった。自分の意図を一二〇パーセント理解して実行してくれる、と斎藤は野平を信頼した。このふたりのコンビが「俗物主義」を徹底させて、「意地悪・新潮」とまでいわれるスタイルをつくった。

野平は自分が週刊誌の素人であることを心得ていた。同じく、まったく素人の若い部員が取材をする。その報告を聞いて、社会部記者の経験がある扇谷正造なら、即座に取材不足の個所を指摘できる。怒声、罵声が飛ぶこともある。取材経験ゼロの野平には、そんな芸当はできないし、また、まねをしようとも思わない。〃常識〃だけを頼りに、納得のいくまで吟味した。部員は慣れない取材に「ここは、おかしいと思わないか」とダメを押され、「じゃあ、もういちど取材してくれ」ということになる。このくり返しが、「週刊新潮」のしつこい取材の基礎体力をつくった。また、そこから、新聞記者出身とは別種の週刊誌記者が育っていった。

野平は、けっして大声を上げなかった。これは新潮社の社風でもあるけれど、どこの編集室も静まりかえって、呵々大笑する声などついぞ聞かれない。野平の編集長時代に、新入りの部員が電話を受けて、席を離れている先輩を「〇〇さーん、電話です」と呼んだ。すると、野平がきて、「呼びにいきなさい」と注意された。ちなみに、「週刊文春」の編集長もつとめた半藤一利（現・昭和史研究家）は、地声も大きいけれど、隣の編集室にまで聞こえるような大声で部員を呼びつけた。「週刊新潮」のしつこい取材は、語弊があるのを承知でいえば、ネクラな社風から生まれたといえないこともない。あるいは、「陰の編集長」とも「天皇」とも称された、斎藤が発するオーラが醸成したといってもいいだろう。

当時は、三階の大部屋を週刊誌と出版部がつかっていた。中央にダルマストーブと丸テーブルとソファがあって、斎藤は編集室に姿を現すと、ソファに座りパイプタバコをふかした。その定位置に呼ばれるのは、野平などデスク（編集次長）にかぎられた。

江國滋は昭和三十一年の秋に新潮社の入社試験を受けて、合格通知がくると、すぐに呼び出された。人手が足りないので、「週刊新潮」の仕事を手伝えという。三人の入社予定者が佐藤に伴われ、編集室にいくと、でっぷり太った、不機嫌そうな顔の中年男がソファに座っていて、「重役の斎藤さんだ」と紹介された。相手は三人を一瞥して、「うん」と応じただけで、なんの声をかけるでもなかった。江國は八年間、「週刊新潮」に在籍して退社したが、斎藤と親しく言葉を交わした記憶がなかった。「われわれ平の部員には、雲の上の人でした」ともいっていた。

「週刊新潮」の取材には、他誌の記者も一目置いた。大きなネタになると、取材先がかち合う。当該人物の家に駆けつけて、先客に「週刊新潮」の記者がいたら、最低一時間は待たされる覚悟をしなければならない。武士は相身互い、他誌の記者が待っていれば、早めに切り上げる記者が多いのだが、「新潮」の記者は、いっこうに気にしない。先を急ぐ新聞記者なら十分、並の週刊誌記者なら三十分で事が足りる相手にも、ゆうに一時間はかけた。

しつこい取材は記事に反映されるだけでなく、付加価値を生む。取材された相手が記事を読んで、よく調べたなあ、と思えば、つぎの機会には快く取材に応じる。喫茶店で雑談をしながら、耳寄りな情報を教えてくれることにもなる。日の目を見なかったネタにも、「週刊新潮」はプラン料を払ったので、徐々にではあるけれど、情報網が張られていった。そこから「週刊新潮」独自のスタイルが生まれるまでには、数年を要したが、それまでにも、見るべきレポートがなかったわけではない。

そのひとつに、草柳大蔵が書いた「八月六日の遺産——はじめてルポされたABCC（原爆傷害調査委員会）の実態」（32年8月12日号）がある。このレポートは、精密なまでの取材力が発揮されているばかりでなく、草柳流の匿名レポートの方法論が結実している。

面白い原稿は倍の長さに書き直させる

ＡＢＣＣの存在は、すでに進歩派理論物理学者の武谷三男が触れていたが、その活動は報道されたことがなかった。リードには、こう謳われている。

《昭和二十年八月六日、史上最初の原爆が、広島に投ぜられて十二年が過ぎた。ここ広島、長崎のＡＢＣＣは、生物の名のもとに痛ましい被爆者の資料を収集している。百三十ヵ所に切り刻まれる肉片、集められた二十六万枚の〝原爆戸籍簿〟等々――それらが何を意味するか、これは、その全ぼうを伝えようとする報告書である》

スクープともいえる内容だが、当初、編集部は、それほど大きな期待をもっていなかった。土門拳がＡＢＣＣを撮るグラビアも併載されるので、合わせて一本という企画だった。

ついでながら、この企画は、土門拳と「ヒロシマ」を結びつける、という貴重な副産物をもたらした。土門は初めて原爆の地、広島を訪れた。社会派カメラマンにとって、それが、いかに記念すべき日であったか、写真集「ヒロシマ」に書いている。

《……職業写真家であるぼくは、いわば『商売』のひとつとして行ったのだった。そのかぎりにおいては、ぼくが広島へ行ったことなどは、何も取りたてて言うほどのことはない。ただその後に、カメラを手にする人間としての、使命感みたいなものに駆りたてられて、憑かれたように広島通いすることになったという点で、またその結果こういう本を出すことになったという点で、その日はぼくの生涯にとって忘れがたい日となった》

土門拳は、せかせかシャッターを押すカメラマンではない。ときには、被写体を前にして一時間も動かなくなる。それにつられたわけでもないが、草柳も四日間、朝の九時から夜の十時まで、びっしり取材した。帰京して、徹夜で四ページの原稿を書いた。

原稿を渡して、草柳が仮眠していると、担当デスクの新田敞《ひろし》（のちに出版部長）に起こされた。この記事は四ページではもったいない。八ページにしてくれという。もういちど書くのは大儀ではあったが、ライター冥利につきると思った。斎藤十一の意向であることがわかっているので、してやったりという気分でもあった。「書けといわれたら、十ページでも二十ページでも書く気になった」といっている。あらためて構成を立て、最初から書きなおした。

ABCCは「放射能の人体におよぼす影響を永久的に調査する」ために、いわばアメリカの〝善意〟から生まれた調査機関である。草柳は調査活動の実態を、顕微鏡でのぞくように取材した。

《次に死体の解剖がある。いまでは月に十五〜十八体が運ばれてくる。ＡＢＣＣは、死体から平均九十一ヵ所、最高百三十ヵ所の組織体を切りとる。舌、ノド、五臓六腑、横隔膜……これらにオートテクニコンという機械でゼラチンを浸みこませ、一たん固めたものを、二〜三ミクロン（一ミクロンは一ミリの千分の一）の薄さにサックと切り刻む。この一片は二枚のガラスにはさまれアルマイトのケースに収められる……》

健康体、軽症、重症、死体から丹念に集められた資料は、カードで分類されている。記録は、すべて1から9までの数字と、ＸとＶのローマ字で表される。カードの上部には、「魔の座標」ともいうべき、被爆位置が数字で示されている。ＩＢＭの選別機にかけるために、穴をあけたカードは、すでに広島だけで二十六万枚集まった。選別機が始動すると、たとえば「爆心地から千メートル以内」のカードが、一分間に六百五十枚のスピードで出てくる。さらに、そのなかから「既婚者」〜「当時、妊娠していたもの」を選ぶことができる。これらのカードを保管している部署は、「原爆戸籍係」と呼ばれている……。

カードに収められているのは、人体に関するデータだけではない。「遮蔽研究室」のカードには、屋根、塀などの遮蔽物によって、症状がどうちがうかが数字化されている。この「遮蔽カード」を選別機にかければ、遮蔽物の材料、爆心からの距離、被災者の位置・姿勢による被害の差が抽出される──「不吉なことをいうようだが、次の原爆戦に応用できないことはない」と〝匿名のつぶやき〟がもれてくる。

「左手の中に〝私〟を握りしめながら右手で書く」

当時の草柳は、ひと言でいえば〝左翼〟だった。発想の根底には「反米」「反戦」「反核」があった。それをストレートに出したら、ABCCのレポートは、まったくべつのものになったにちがいない。草柳はABCCの調査活動をデータで語ることに撤した。これは、いわば〝私〟を消した〝一人称レポート〟であり、そこに「データ・ジャーナリズム」の典型をみることができる。草柳は最初の著書『山河に芸術ありて』の〈あとがき〉に、こう書いている。

《レポートには私的評価は許されない。文学の世界には〝私小説〟というのがあるが、レポートには〝私評論〟があってはならぬ。レポートは、データーによる構築作業である。その構築の設計の仕方に、レポーターの思想や生き方が関係してくる。光文社編集局長・黒崎勇氏の評言をもってすれば「左手の中に〝私〟を握りしめながら右手で書く」のがレポートである》

黒崎勇は「女性自身」の創刊編集長で、早くから草柳の「週刊新潮」のレポートに着目して、特集は、このライターに頼もうと決めていた。私の知るかぎり、草柳の特集アンカーとしての力量を、もっとも高く評価した編集者である。

〝私評論〟に拠るレポートは感覚が先走る。見たまんまを思い入れたっぷりに書く。草柳は、わかりやすい実例を挙げる。

《この〝感覚のゴッタ煮〟がいちばん困ります。社会科学者の紀行文的レポートを読みますと、「雨の内灘を、赤い頬をした青年が大股に歩いてゆく。内灘の闘争は終った。しかし、青年のエネルギーは終っていない」などとお書きになっている。

もし、結核の青年が宿酔いでフラフラ歩いていたらどうなさるのですか……》（『マスコミ新兵』）

草柳流のデータ・ジャーナリズムでは、「赤い頬」はデータではない。「青年のエネルギー」が気になるなら、なぜ直接、青年たちの話を聞かないのか。取材をして、「今回は、これだけしか取材できなかったが、私の考えは、こうだ」といえばいい。署名レポートなら、それも許される。

匿名レポートには、〝私〟がいないから、そんな弁明ができない。ひたすらデータで語るしかない、というのが草柳の匿名レポート論である。データが充分にあれば、〝私〟が顔を出す余地はないということにもなる。

データの構築は当然、レポートのスタイルにも関係してくる。八ページの「八月六日の遺産」には、談話はＡＢＣＣの所長が語る十二行（一行十四字）しか出てこない。週刊誌の特集では、これは稀有の例といえる。

週刊誌の特集は、データの九割を談話からとっている。通常、それらのデータを地の文にならし、適宜、談話をはさんでいく。この手法は、「週刊朝日」をはじめ新聞社系の週刊誌で定着した。というより、ふつうに書けば、だいたいそうなる。カギカッコの談話・会話があったほうが読みやすい、ということもある。書く側としても、談話の部分は引き写しみたいなものだから、多少は息抜きの意味合いがないではない。

草柳は、データは地の文で書くのが本筋である、と主張する。談話を入れたほうが、たしかに、読みやすくなるかもしれないが、談話には、話す人の主観や感情もはいってくるので、データの客観性を損なう。また、二十行を超えるような長い談話は、レポートの緊張感を殺ぐおそれもある。だから、草柳は、話す人の主観や感情を伝える必要のあるコメント以外は、談話をつかわない。それも、せいぜい十二、三行にとどめた。

また、地の文がつづくと読みにくいというのは、ライターの腕が未熟だからにほかならない。草柳の持論として、レポートの理想は「ラーメン屋のオネエチャンがつかう言葉」で語りかけることにあるという。それができないのなら、せめて彼女たちにもわかる言葉・文章で書く。「ラーメン屋のオネエチャン」という表現は、いまなら差別語くさいが、当時は「大衆」を象徴する用語として、よくつかわれた。たとえば、「六〇年安保」のとき、「女性自身」編集長の黒崎勇は草柳に「ラーメン屋のオネエチャンにもわかるように、安保改定を書いてください」と頼んだ。

ストリートの情念

「ラーメン屋のオネエチャン」＝「大衆」は、「ストリート・ジャーナル」と無縁ではない。草柳は「ストリートの情念」と呼んでいるが、それを、いかにレポートするか。新聞も新聞社系の週刊誌も、その上っ面をなぞっているだけだ。ニュース網をもたない出版社は、「ストリートの情念」をニュース化することによって、新聞社系の勢力に拮抗できる。草柳は、そう考え、それを実証した。「特別レポート　四百万円当って自殺した――わが人生に誤算あり」（33年3月17日号）は、その格好な一例といえるだろう。

もともとは新聞のベタ記事だった。大阪で、三年前に四百万円の宝くじに当たった六十四歳の男が、投身自殺したという。それまでの週刊誌のニュース感覚では、せいぜい二ページのニュース・ストーリーになるかどうか、というネタである。「週刊新潮」は六ページの〈特別レポート〉に仕上げた。

プランは斎藤十一から出ている。六十四歳といえば、当時は〝老人〟だった。思いもかけず大金を手にした老人が、女狂いでもしていたら、斎藤の「俗物主義」にかなう「金と女」のストーリーを期待できる。その狙いが当たったかどうかはともかく、創刊して二年、試行錯誤をくり返しながらも、ニュースの内側をのぞく、という「週刊新潮」得意のスタイルができつつあった。

取材をする草柳のほうは、「金と女」は、どうでもよかった。四百万円の宝くじに当選した老人の投身自殺は、かしましく語られても、しょせんは「街の話題」で終わる。それを全国区のニュースにできるかどうか。いわば「ストリートの情念」をニュース化する、貴重な実験の場だった。

老人は自堕落に四百万円を費消したわけではなかった。八十坪の土地を買い、アパート経営を考えたが、資金難で頓挫した。つぎの人生設計を模索しているときに、妻が半年以上も入院して、療養費に五十万円かかった。とりあえず家を新築した。勧められて手堅い株も買った。まがわるいことに、妻が入院して、ブレーキ役がいなくなったために、老人は競馬でマネービルを企んだ。いつのまにか株券も消えた。残った資金で文房具店をはじめたが、結果は赤字で、預金を引き出すしかなかった。老人は一攫千金を夢見て、またギャンブルにのめり込んだ。やがて家も土地も手放し、借家住まいに戻った。収入の道は途絶えた。老人は、仕事を探しに神戸の友人のところへいく、といって家を出たまま、帰らぬ人となった……。

レポートは、老人に同情したり、人生設計を論評したりするコメントを、いっさいつかっていない。データによって、老人の人生を掘り起こし、四百万円の収支を明かしていく。その取材力と筆力は、一級品のできばえといっていい。当時、草柳は、まだ「ストリートの情念」という言葉をつかっていなかったが、週刊誌レポートの新しいタイプをつくりだしたことはたしかである。

もっとも、当の草柳は、このふたつのレポートを会心作とは思っていなかったふしがある。あるとき、「週刊新潮」で書いた会心作を訊いたら、しばらく考えて「特別レポート　横綱審議会——大義名分をめぐる攻防の五時間」（33年2月10日号）を挙げた。

おりから、〝弱い横綱〟とファンの不評を買った鏡里、吉葉山の二横綱が引退した。それにともなって、若乃花（引退後、二子山親方）の横綱昇進問題が浮上する。横綱審議委員会は「二場所連続優勝、マタハコレニ準ズル好成績」という内規を守ろうとする尚早論と、若乃花の実力・実績を優先させる賛成論に分かれて、激論がかわされた。協会の意向は、新横綱誕生に傾いている。それを曖昧な形で了承してしまえば、横綱審議委員会の存在理由を問われることにもなりかねない。おまけに、八百長問題がくすぶった時期でもあった。いつもなら、小一時間もあれば終わる会議が、〝水入り〟の論戦を展開した……。

委員長は〝相撲の殿様〟酒井忠正（日本競馬会理事長）。作家の尾崎士郎、舟橋聖一。新聞界から阿部真之助（毎日）、石井光次郎（朝日）。仏文学者の辰野隆。画家の石井鶴三――それぞれが相撲に一家言もっている。これだけのメンバーが二派に分かれて、審議委員会の存続にもかかわる議論を展開したら、どうなるか。

草柳の自慢は、委員会開催の当夜、審議委員それぞれに記者が張り付いて、マンツーマンで取材したことにある。江國滋は辰野隆を担当した。高校時代から辰野のエッセイに傾倒し、秘かに師と仰いでいたので、天にも昇る心地だった。当然、ほかの委員がどんな発言をしたかも、取材しなければならない。そのくだりになったら、「僕はスパイは嫌いだ」と一言のもとにはねつけられて、言葉に窮した。江國は「取材をして、あんなに身のすくむ思いをしたことはない」と述懐していた。ともあれ、記事には辰野の発言も、しっかりと出ている。

個々の談話をもとに、草柳は「攻防の五時間」を再現した。臨場感を演出できたのも、グループ取材の成果だった。その先達に「週刊朝日」がいたけれど、すでに草柳は新しい手法を編み出していた。

「週刊朝日」の特集は、つぶさに読むと、全体のトーンが統一されていない。複数の記者が手分けして書いていることがわかる。つまり、記者を足し算しただけで、グループ取材が成り立っている。草柳が考えた手法は、記者の足し算をカッコでくくり、それに〝アンカー〟という係数をかける。係数によって、まったくちがう答えが出てくるという仕組みである。

それまでは、テーマに応じて、編集部員が取材を手伝ってくれたが、まだ、常設の〝草柳グループ〟はなかった。グループ取材にはチームワークが必要だから、いつも同じメンバーのほうが都合がいい。編集部も人手不足だったので、デスクの新田敞も、取材要員をふやすことに否やはなかった。

山口瞳『男性自身』を生み出した男

三十三年の秋ごろには、アンカーの草柳をふくめて四人のチームが組まれた。ふたりは、かつて草柳と一緒に仕事をした雑誌編集者、ひとりは、この世界に未経験だったが、草柳は熱意とセンスを買った。三人とも草柳が提唱するデータ・ジャーナリズムの意を体して、取材することになった。

グループ取材の態勢はととのったが、それによって草柳が「週刊新潮」の特集に君臨したわけでもなかった。トップの特集は、ほとんど毎号、野平健一のシマが担当した。草柳が属した新田敞のシマは、小説や読みものが主流だった。新田は草柳を擁して、野平と張り合う気はさらさらなかった。

そのころ、草柳は中国の周恩来を引き合いに出して、「セカンドランナー論」を語っていた。組織の安定は、No.1を支えるNo.2によって左右される。企業の場合も、先頭を走るNo.1より、むしろ注目すべきはNo.2のほうではないか——セカンドランナー論に託して、「週刊新潮」における自分の立場を語ったものと思われる。新田とも暗黙の了解が成り立っていたようだ。そのつもりでいれば、新田ほど仕事のしやすい編集者もいなかった。

新田は出版部の出で、当時から腕利きの文芸編集者として知られていた。丸谷才一は、いちどにコナン・ドイルとオスカー・ワイルドに連載を承知させた編集者の故事に触れて、こう書いている。

《……この編集者、腕がいいですね。こんな能率のいい仕事、滝田樗陰《ちよいん》だつて、大久

保房男だって、坂本一亀《かずき》だって、新田敞だってしなかった》（「オール讀物」平成17年1月号）

滝田は大正期の「中央公論」主幹で、「大」と「名」を冠せられる最初の編集者。大久保はサムライ気質の名物編集者で、「群像」編集長時代、吉行淳之介、安岡章太郎、遠藤周作、阿川弘之など「第三の新人」に、「鬼の大久保」と称された。坂本はミュージシャン、龍一の父。河出書房で椎名麟三『永遠なる序章』、野間宏『真空地帯』、三島由紀夫『仮面の告白』などを手がけ、戦後派文学に貢献した。丸谷才一の『笹まくら』の生みの親でもある。純文学の重量級編集者として知られているが、小田実のデビュー作『何でも見てやろう』を世に出している。

新田は「鬼」でも「重量級」でもないけれど、文学と商売を矛盾なく両立させる、抜け目のない編集感覚をもっていた。これはと目をつけた作家は、まず逃さなかった。他社の編集者と本（版権）のとりっこをして、新田の勝率は七割を超えていたはずだ。ふだん赤提灯の文壇酒場に入りびたるわけでもないし、夜毎、銀座の高級バーを作家と飲み歩くわけでもない。また、熱弁をふるって作家を口説くわけでもない。作家のほうは、いつのまにか「ウン」といわせられている、というような按配だった。

山口瞳の『男性自身』は、斎藤十一の発案で新田が依頼にいった。その年、三十八年の初春に山口は直木賞を受賞した。サントリー宣伝部員と二足のわらじのサラリーマン作家は、急増した執筆量に音を上げた。新規の原稿は、平身低頭して断ることにしていた。新田とは面識があったので、会うことにはしたが、なにを頼まれても絶対に断るつもりだった。当夜の模様を新田に聞いたことがある。

「山口さん、困るんですよ。用件をいったら、『書けません。勘弁してください』って、ラモール（銀座のクラブ）の絨毯の上に土下座するんだもの。山口さんの断る手口は、いろいろ聞いていたんで、その手にはのりませんよ、といって話をつづけましたけどね」

山口は、ポッと出の新人に書かせるのだから、長くて、せいぜい半年の連載だろうと思った。ところが、新田に「いや、永久に……。山口さんが生きておられるかぎりは、つづけます」といわれて、びっくりした。「あんなことをさらりといえる編集者は、そう何人もいませんよ」と感心していた。

三十八年十二月二日号から連載がはじまった『男性自身』は三十一年間、一回も休まずに書き継がれ、平成七年八月三十一日号、千六百十四回目の原稿が絶筆になった。新田は山口が終生、もっとも信頼した編集者のひとりだった。

井上光晴のコメント主義

野平のシマでは、井上光晴という〝異才〟のライターが登場する。井上は少年時代に長崎の炭坑で働き、伝票をノートがわりに文章をつづった。戦後、共産党に入党。「新日本文学」に発表した「書かれざる一章」が反党行為と指弾され除名処分を受けた。その後も、佐世保の米軍基地で働きながら、創作をつづけ、奥野健男（文芸評論家）の表現を借りれば、「反逆的革命的新人作家」として注目された（『新潮日本文学小辞典』）。

三十一年に上京したが、まだ小説では食えなかった。大久保のドヤ街で、かつかつの生活をしているとき、野平が取材にきた。共産党の内部事情を話してくれないかといわれた。井上は断ったが、話をしているうちに、野平は井上のどこに目をつけたのか、「週刊新潮」の仕事を手伝ってくれないかと頼んだ。それがきっかけになって、井上はドヤ街のルポなどを持ち込み、生活費の足しにした。やがて、野平のスタッフに加わった。

それ以前も、それ以後も、井上の「反逆的革命的」作品には、娯楽性のかけらもない。斎藤十一のいう「俗物主義」＝「金と女」と、もっとも縁遠い作家ともいえる。そんな作家に、野平は週刊誌ライターの資質ありと見抜いた。しいていえば、社会の表層をはいでいく井上の粘っこい筆致に、新しい週刊誌レポートの可能性を求めたのだろう。当の井上は、こういっている。

「ロカビリー歌手から政治家まで、とにかくさまざまな人と会え、ナマの声に触れることができるので、文学の役に立つという気持から仕事に精をだした」（朝日新聞社編『週刊誌のすべて』）

とはいえ、井上光晴と週刊誌の組み合わせが異様であったことに変わりはない。昭和三十三年、〝ロカビリー旋風〟が巻き起こった。「週刊新潮」の記者が、ブームを演出した渡邊美佐（当時渡辺プロ副社長）に取材したさい、安倍寧《やすし》（音楽評論家）が、その場に立ち会ったことがある。記者の名刺には、「佐伯某」とあったが、取材のあとに三人で一杯飲んだら、「俺は小説家だ。本名の井上光晴で書いている」と明かされた。左翼系の作家として名前は知っていたので、おどろいたという。

しかし、さすがに井上は凡庸な書き手ではなかった。「週刊新潮」の特集に独自のスタイルを定着させていく。

井上流のレポートは、草柳流にくらべると一目瞭然、カギカッコの部分がだんぜん多い。データも談話で語らせる。それも成り行き任せではない。〝文学的〟ともいえる根拠をもっていた。

人間がかかわった出来事を、並の人間が調べて書くものに、はたして純粋な客観性があるのか。まして週刊誌の取材は、時間の制約がある。どこかで見切り発車しなければならない。ならば、なまじ解説風な地の文を書くよりも、談話・コメントをそのまま活字にするほうが、しぜんではないのか。談話にこめられた主観や感情は邪魔などころか、忠実に話者の意図を伝える役目をはたしている……。

野平ともども考案された、この手法は「週刊新潮」の特集の主流になった。さらには、以後に輩出した出版社系週刊誌の特集の原型にもなった。

手法がちがえば、取材記者への要求もちがってくる。草柳はデータ原稿をライター育成の場と考えた。だから、自分が取材したデータをまとめ、テーマに沿った最終原稿を書くよう求めた。記者は自分の判断で不要なデータを切り捨て、データの構築をする。取材力に文章力もふくめて、及第点をとれるようになれば、一本の記事を任される。

井上は取材記者に解説抜きの談話原稿を求めた。要不要はアンカーが判断するから、聞いたことを全部、談話のニュアンスがわかるように、語尾まで正確に書いてくれ——データは談話に組み込まれている。そのデータを構築するのではなく、データを生の声で伝える「コメント中心主義」をとった。

井上は野平とも相談して、この「コメント中心主義」をさらに進めた手法を編み出す。地の文で注釈を加えず、談話を放り出すように羅列する。端的にいえば、地の文は接続詞のような働きをしているにすぎない。黒澤明監督の『羅生門』の原作になった芥川龍之介の短編「藪の中」は、藪の中で旅の武士が殺された事件で、盗賊、武士の妻、武士の霊がそれぞれ食いちがった証言をする。これにちなんで、井上の手法は「藪の中スタイル」と呼ばれた。この思いきった手法は、「週刊新潮」では受け継がれたが、さすがに他の週刊誌では、まねするライターがいなかった。

新米編集者がつかんだ一枚の名簿が……

特集のプランニングも徐々に「週刊新潮」らしさを見せていった。その顕著な例として、「特別レポート　私は死神から逃れた」(33年9月1日号)がある。

八月十二日、午後七時三十五分羽田発の名古屋行き全日空機が伊豆下田沖で墜落して、乗客乗員三十三名が死亡した。行方不明の第一報がテレビで報じられ、デスクの野平は、四月に入社したばかりの後藤章夫（のちに「フォーカス」創刊編集長）を田村町の全日空本社に走らせた。後藤は、なにを取材していいかわからない。もっとも、航空機事故のような修羅場の取材経験がないということでは、野平も五十歩百歩だった。

全日空本社では、二十人は超える新聞記者がラグビーの試合のように、押し合いへし合いしていた。後藤は後ろのほうで、ぼんやり眺めるしかなかった。ほどなく報道陣は、いっせいに引き揚げた。全日空の職員に訊いたら、記者たちは乗客名簿を奪い合っていたという。新米記者が、飛行機事故では乗客名簿を入手するのが〝取材の定石〟だったのか、と知ったときには、名簿は一枚も残っていなかった。コピー機がない時代だから、すぐ補充がきかない。手ぶらで帰るわけにもいかず、キャンセル名簿なら、だれももっていかなかったというので、仕方なしに、それをもらって帰社した。

これがケガの功名をもたらした。キャンセル名簿は、ニュース報道は定石どおりでなくてもいいことを教えてくれた。

名古屋の鉄工所経営者は、ふたりの同業者と一緒に、当夜の便で名古屋へ帰るつもりだった。所用ができて、昼過ぎにキャンセルしたが、同行者に、ぜひ一緒に飛行機で帰ろうと執拗にいわれて、その気になった。用事を早めにすませた。切符は羽田へいけば、なんとかなるというので、そろってタクシーで羽田に向かった。ところが、連れがふたり分の切符を忘れてきたことに気がつき、途中で引き返す羽目になった。なんとか出発時刻には間に合って、キャンセル待ちをしたが、空席にありつけなかった。同行のふたりとは出発ゲートで別れた。もし、切符を忘れたことに気がつくのが、十五分遅ければ、ふたりは助かっていた。じつは、キャンセルがひとつあって、直前に外車輸入会社の課長に渡っていた……。

米軍横田基地に勤務するアメリカ人と結婚した日本女性は、運命の便で名古屋へいき、夫と落ち合う予定だった。が、その日、近所の美容院が軒並み休業で、髪のセットに手間どった。旅行をする気分ではなくなり、キャンセルして翌朝の便にかえた。

北海道団体旅行に参加した名古屋の石炭販売会社社長は、偶然が重なって、一行七人のなかで、ひとりだけ帰りの東京—名古屋便の切符を申し込む機会を逃した……。

「週刊新潮」のレポートは、ごく身近なところにある運命の明暗を描き出した。遺族の涙をしつこく追いかける、従来の事故報道にはない新鮮味があった。

綿密な読者調査をするまでもなく、経験豊富な編集者なら、印刷所から届いた見本に目を通すだけで、手応えを感じる。あれはおもしろかった、という反響もしぜんに伝わってくる。「私は死神から逃れた」の号は、そんなできばえだったにちがいない。

これ一本では、どうというわけではないけれど、もう、ニュース報道の立ち遅れに悩むことはなかった。ニュース報道には、裏道もあれば、横道もある。そこからはいれば、表参道からはいるのとは、まったくちがう視点から、〝事実〟を報道できる。

斎藤十一の「俗物主義」に倣えば、「金と女」の絵柄も見えてくる。「週刊新潮」には、ようやく、それができる取材力が備わっていた。

三十三年三月末に、『眠狂四郎無頼控』の第一次連載は終わったが、部数は落ちるどころか、上向きつづけた。ストリート・ジャーナルに拠った週刊誌の「型」ができたといえるだろう。「眠狂四郎」が再登場する三十四年新年号は、百万部を刷った。

徳間康快の決断と「アサヒ芸能」

「週刊新潮」に遅れること八カ月、出版社系週刊誌第二号の「週刊アサヒ芸能」が登場する（31年10月7日号）。社主兼編集長の徳間康快は、「週刊朝日」のような週刊誌を一秒たりとも考えなかった。ストリートもストリート、街のネオンや看板をそのまま映し出しているような週刊誌をつくった。

徳間は読売争議で第一組合に殉じて退社した（38ページ参照）。当時、二十五歳。血の気も多かったが、出色の社会部記者でもあった。すぐに松本重治主宰の「民報」（29ページ参照）に入社する。当初は社会部次長だったが、やがて営業局長の座につき経営陣に加わった。徳間が期待をかけたクオリティ・ペーパーは、三年で姿を消した。このころから将来、クオリティ・ペーパーを自分の手で発刊したい、という夢を抱きはじめた。

学生時代からの友人に、中野正剛の長男、達彦がいた。達彦は戦後、真善美社という出版社を興した。徳間は、その専務に迎えられた。真善美社は純正の文芸出版社で、戦後文学に確たる足跡を残した。中村真一郎『死の影の下に』、野間宏『暗い絵』、安部公房『終りし道の標べに』、花田清輝『復興期の精神』などを生み出し、「アプレゲール」という流行語は、この叢書に由来するといわれている。また、前衛芸術誌「綜合文化」も刊行していた。

後年の徳間は手に余る事業に乗りだし、およそアプレゲールの文学とはイメージが結びつかなかった。その話を向けたら、「俺は裏方だったんだ」といっていた。真善美社は、表舞台こそ華やかだったが、内情は苦しかった。若き専務は編集にはタッチしなかったが、作家や評論家が原稿料や印税をとりに社にくると、近くの屋台に連れ出して、支払いを待ってもらう言い訳をした。「だから、みんな俺の顔だけはよくおぼえているんじゃないかな」と笑っていた。結局、在社一年足らずで、会社は倒産した。

しばらく雌伏の時期がつづく。その間に中野を介して、中野正剛の盟友だった緒方竹虎の知遇を得た。日本の新聞界を代表する、この大物言論人は当時、公職追放中だったが、吉田茂首相の信任厚く、追放解除後の政界入りが予測されていた。徳間は、緒方を師と仰いだ。いつかクオリティ・ペーパーを出したい、という一途な夢をもつ新聞青年に、緒方も目をかけた。

徳間は緒方の後押しもあって、印刷所を経営したが、師の感化を受けて、政治家になろうと決心した。緒方も賛成してくれた。昭和二十七年、衆議院選に当選した緒方は、翌年には吉田内閣の副総理格・国務大臣の座についた。

徳間も前途洋々と思ったはずだが、そうはいかなかった。二十八年、読売時代に意気投合した竹井博友（のちに地産社長）に難題をもちかけられた。竹井が出している「日東新聞」がピンチなので、助けてくれという。緒方に相談すると、緒方は、わが身になぞらえ、新聞人であることは政治家のプラスになる、と日東入りを勧めた。もともと徳間には、自分でも認めているように、〝義〟によって動く浪花節気質がある。火中の栗を拾う覚悟で、日東新聞の営業局長を引き受けたが、新聞は一年しかつづかなかった。

日東新聞は「週刊アサヒ芸能新聞」も発行していた。昭和二十一年十一月十日創刊、タブロイド判四頁。竹井は両紙とも廃刊にするつもりだったが、労組は徳間の人柄を見込んで懇願した。せめて「アサヒ芸能」だけでも存続できないか――。またも、徳間は火中の栗を拾いに出るしかなかった。二十九年三月、東西芸能出版社を設立して、日東新聞の残党も引き取った。

三十一年初頭、緒方が急逝する。保守合同した自由民主党の総裁代行の座にあって、初代総裁を目前にしていた。徳間は政界への未練を断ち切るしかなかったが、新聞を出す夢はもちつづけた。かつて緒方はワシントン軍縮会議（大正10年）の取材でワシントンに滞在したさい、論壇週刊誌「Nation」に目を止めた。商業主義にとらわれない自由闊達な論調に感銘を受け、日本にも、こういう新聞や週刊誌がほしいと思った。それは徳間が思い描いている新聞に通じるものがあった。徳間は紙名を「ネーションン」に決め、商標登録もすませた。

〝義〟によって背負い込んだ「週刊アサヒ芸能」は、徳間にいわせれば、ボロボロの週刊新聞だった。「週刊朝日」が急成長した時代に、タブロイド判の週刊芸能新聞というのは、時代感覚とずれていた。発行部数二万五千部で、発行するだけ赤字がかさんだ。幸いなことに、徳間が経営する印刷会社は、緒方の伝手で自由党（自民党）の刊行物を定期に受注して、順調だった。その利益を注ぎ込んで、なんとか息をついた。

緒方が急逝して、一月後に「週刊新潮」が創刊された。「アサヒ芸能」をB5判の週刊誌にできるかどうか――徳間は、わが事のように、出版界のパイオニア週刊誌の成り行きを見守った。

《ふたをあけてみて、これはいけるぞ、よし、と思ってB5判に踏み切ったわけだ。だから、わたしゃ『週刊新潮』を作ってきた人たちに、いまでも敬意を払ってます。（中略）こりゃもうほんとうに尊敬しとります》（江國滋『語録・編集鬼たち』）

徳間は身丈に合った週刊誌を考えた。政治・経済は扱わない。日東新聞の社会部記者が「アサヒ芸能」に移ってきたが、政治・経済はむりだと判断した。主体は世相風俗、芸能、スポーツにする。芸能は映画、演劇、テレビから音楽のクラシック、ジャズまで、「アサヒ芸能」で下地ができていた。

風俗記事も特ダネで

徳間の右腕と目された山下辰巳（二代目編集長、のちに副社長）も、自分たちの週刊誌をつくるしかないと思ったという。インテリ向きではない〝庶民派ジャーナリズム〟にする。そうなると、セックスがらみの記事が大きな比重を占めてくるけれど、ただのセックス記事では芸がないし、つくるほうも張り合いがない。社会問題と結びつければ、庶民派ジャーナリズムの名に値するのではないか。その一例に売春汚職がある。売春防止法の成立を抑えようとして、売春業者が代議士に賄賂を贈った。この事件の背景を突っ込んで取材すれば、〝赤線〟の実態も同時に記事にできる――

「売春にかぎらず、風俗の生態を社会問題としてとらえて調査しているところもありますから、そういうデータをつかったりして……。〝説教エロ〟なんていわれましたけどね。日東の社会部からきた連中ですから、風俗記事も特ダネでいこう、という意識は強かった」

創刊号の表紙は杉田弘子。巻頭グラビアは「ペレス・ブラード」「スターとファン大川橋蔵」「ビンボー（・ダナオ）・淡路（恵子）の愛情教室」……。目次の大要は、こうなっている。

特集　女優読本　二十四時間うらおもて
　一周忌を迎えたジェームス・ディーン
スタジオ実話小説　八月十五日の花嫁
青春特集　結婚も〝ドライ〟ばやり
芸能ロビー　あやつられたミス日本　草笛光子のハダカ

創刊当初は芸能色が強かったが、徐々に〝アサ芸〟らしさが出てくる。〝説教エロ〟

ではないけれど、「青い目のアンちゃん行状記」（11月25日号）は、来日したアメリカ大リーグ、ドジャースの選手の行動をつぶさに報じ、返す刀で日米親善野球にきびしい注文を出している。

当時、会社は新橋の運送屋の二階にあった。三十一年に入社した某社員は、入社試験を受けにきて、会社を探しあぐねた。付近一帯を歩きまわり、運送屋の前にあるゴミ箱に「アサヒ芸能」と書いてあるのを発見して、ようやく試験の時間に間に合ったという。初任給は八千円。徳間の給料が一万二千円。赤字の会社だから、社長としての給料はゼロでいい、という理由による。

二階の編集室には、和室がついていた。締切の日には、徳間は和室に陣取った。クーラーなどない時代だから、夏にはランニングにステテコ姿だった。どこの編集室も同じだが、原稿用紙をはじめ紙用品が多いので、扇風機はつかえなかった。

徳間は、上がってくる原稿をかたっぱしからボツにして、何度でも書き直しを命じた。徳間流にいえば、原稿を「ブッちゃぶいて」シゴきにシゴいた。編集スタッフは十五人。外部のライターにも依頼はしていたが、部員の戦力を強くするには、そのくらいシゴかなければダメだと思った。「造反されてもおかしくなかったけれど、それはなかった。こっちも必死だったからなあ」といっていた。

記事のクレームには、すべて徳間が前面に出て対処した。それが経営者の義務だと思った。風俗営業には、たいていヤクザがからんでいる。脅かされて、身の危険を感じたことも何度かある。ヤクザに軟禁されて、「三十分たって帰社しなかったら、警視庁に連絡する手はずになっている」と苦しまぎれにハッタリをかけたら、それが功を奏して解放されたこともある。

記事に非があれば、訂正記事を出すなり、相応の責任をとった。といって、いつもいつも低姿勢でのぞんだわけではない。徳間が話すと、こんな調子になる。

「某々（プロ野球の有名監督）が移籍したときに、あれこれ書いたら、クレームがきた。べつにヨタを飛ばした記事じゃないんだ。俺が電話に出たら、とたんに『告訴する』っていいやがるから、『やるなら、やってみろ。棒振りごときにナメられてたまるか！』って怒鳴りつけてやった。もちろん、ちゃんと手打ちはしたがね」

しかし、オーナー社長最大の悩みは赤字だった。タブロイド判時代とは一桁ちがう。印刷会社の利益をまわすくらいでは、とても追いつかない。黒字の号が出るまでに、半年以上かかった。副将格だった山下辰巳は「弱音を吐いたのを聞いたことがないけれど、資金ぐりはたいへんだったと思う」と振り返っている。

黒字が出るころには、編集部の力もついていた。実売二十万部の安定路線に達してからは、もう脂汗を流すこともなかった。徳間は「このころになって、大衆の求めているものが、なんとなくわかったような気がした」という。三十三年には、社名もアサヒ芸能出版に改めた。書籍部を独立させて徳間書店を設立。三十六年、両社を合併して徳間書店を社名にした。運送屋時代から十年とたたずに、新橋の繁華街近くに七階建ての社屋も購入している。

もはや、れっきとした中堅出版社に昇格していた。徳間は自他ともに認めるワンマン社長だったが、社員の受けはわるくなかった。

〝イスパノフィロ〟（スペイン狂）を自任する中丸明（本名　栗原裕）は、三十九年に入社して「アサヒ芸能」に配属された。入社四年目の四十三年、かねて計画していたスペイン旅行を実現すべく、社長に三カ月の休暇を直訴した。乏しいながら、資金も貯めてあった。クビになってもいくつもりだったが、徳間は即座に「よし、いってこい」と許可した。おまけに「どうせゼニはねぇんだろう」といって、休暇中の給料とボーナスの前借りをさせてくれたうえに、餞別までくれた。

事業拡大と見果てぬ夢

四十五年、徳間は遠藤実（作曲家）に頼まれて、ミノルフォンレコードを買収した。

遠藤が興した会社だが、経営不振に陥っていた。ところが、徳間が手にした翌年には、五木ひろしの「よこはま・たそがれ」、翌々年には、森昌子の「せんせい」が大ヒットした。本業の出版でも、〝タレント僧侶〟高田好胤の『心』シリーズがミリオンセラーになった。さらには、北海道の徳間牧場で育てた持ち馬のトクザクラが、朝日杯三歳ステークスで優勝した……。徳間は「ツキ男」ともてはやされた。銀座のバーで「せんせい」を唱っては、「俺はツイているなあ」と相好を崩した。

しかし、心底から浮かれているわけではなかった。徳間には抜きがたい一流志向があった。徳間が目ざす一流とは、かつて緒方竹虎と語り合ったクオリティ・ペーパーの発行を意味する。それを実現させたとき、俺は初めて経営者としてもジャーナリストとしても一流になれる――それを思うと、傘下に十数社を擁する徳間グループが上昇気流にのっても、心休まる日がなかった。

四十八年、徳間は周囲の反対を押し切って、医者ならとうにサジを投げている東京タイムズを買収した。瀕死の新聞を蘇生させて、クオリティ・ペーパー発刊の足場にしようと発心したのだが、東京タイムズには、そんな体力は残っていなかった。借金をしてまで手にした新聞は、赤字をふやすだけだった。

子飼いの徳間書店社員からみれば、殿、ご乱心、といいたくなるところだが、先見の明ある業績も加わっている。五十三年、徳間はアニメーション月刊誌「アニメージュ」を発刊した。宮崎駿の声価を高めた映画『風の谷のナウシカ』（59年）は、この雑誌の連載から生まれた。担当者は映画化実現のために、宮崎を徳間に引き合わせた。こういうときの徳間は、ソロバンを弾いたりしない。よっしゃ、とばかり映画の製作を引き受けた。宮崎の才能、人柄に惚れ込み、〝義〟によって動いたのである。以後も、大当たりをとった宮崎の映画は、すべて徳間がプロデューサーをつとめた。

人気アニメ映画の製作は、予想外の利益を徳間書店にもたらした。配給収入の分け前に加えて、ビデオの収入が大きい。映画が大ヒットすると、ダビングするだけで当時、一本一万円近いビデオが、単行本のベストセラーのように売れた。徳間はメディア・ミックスを成功させた、最初の出版人として注目を浴びた。

しかし、事はそれですまなかった。徳間は新聞発行という見果てぬ夢の代償を求めるように、事業の拡大に狂奔した。バブルのさなかには、〝義〟によって動いた場面もあったろうが、土地を買い、観光地のホテルにも手を出した。元来が親分肌で、金勘定に疎かった。事業の才に恵まれていたとも思えない。新規の事業に乗り出すたびに、負債が上積みされた。

東京タイムズを廃刊すると、その跡地に新社屋を建てた。徳間の一流志向を満たす新ビルは、そのぶん負債をふやした。徳間書店の社員は、自社ビルに住んでいる感じがしない、と苦笑していた。徳間書店の利益を全部、注ぎ込んでも、銀行利子に足りなかった。

平成十二年に徳間は他界した。新社屋は銀行の手に渡り、徳間書店社長には銀行派遣の役員が座ることになった。

第五章

ブームの幕開け

トップ屋・梶山季之の週刊誌初登場は「週刊明星」だった（(C)文藝春秋 /amanaimages）

「週刊明星」の参入

「週刊新潮」「アサヒ芸能」につづいて、ぽちぽちと出版社系週刊誌が出はじめた。「週刊女性」（河出書房　32年3月）、「週刊大衆」（双葉社　33年4月）、「週刊明星」（集英社　33年7月）、「週刊実話」（実話社　33年9月）――このなかでは、とりわけ「週刊明星」の参入が出版界では注目された。

集英社は小学館の系列で、「教育は小学館、娯楽は集英社」と役割を分担していた。その「娯楽」を代表するのが、月刊誌の「明星」だった。先発した「平凡」の〝そっくりさん〟と陰口をたたかれたりしたが、部数は百万に達して肩を並べた。「明星」を成功させた本郷保雄が「週刊明星」編集長の座についた。当時五十九歳。手腕、経験、実績を買われたことはたしかだが、半面、新興会社には、本郷にかわる人材がいなかったともいえる。「女性自身」創刊編集長の黒崎勇は「本郷さんは〝お祭り騒ぎ〟が得意なんだ」と評した。業界も、本郷がどんな〝お祭り騒ぎ〟を起こすか期待したのである。

本郷は大正十三（一九二四）年、東京外語ロシア語科を卒業して、主婦之友社に入社した。創業社長の石川武美に見込まれ、そのぶんきびしく仕込まれた。編集長を経て、昭和十二年、三十八歳で取締役編集局長。最高発行部数百六十三万八千八百部。「主婦之友」の全盛時代を築いた。

通称「付録十年戦争」というのがある。「主婦之友」と講談社の「婦人倶楽部」による付録合戦で、本郷が編集長になったころから過熱した。「主婦之友」は昭和九年新年号で、五百ページを超える『家庭作法宝典』など〝十五大付録〟をつけて、「お買いになる方は風呂敷をお持ちください」と謳った。雑誌王国・講談社の「婦人倶楽部」も負けずに料理、編み物などの分厚い実用書で対抗する。双方とも採算を無視した。「主婦之友」は五十銭の平常号が十一銭の赤字を出したが、本郷はひるまなかった。事情は「婦人倶楽部」も同じだった。本郷は「おたがい、もう面子だけでした」といっていた。見かねた増田義一（実業之日本社創始者）が仲介にはいって、石川武美と野間清治（講談社創始者）が自粛協定を結んだ。

戦後、本郷は公職追放にひっかかって、主婦之友社を退社した。解除後、ハンドブック社を興し、月刊婦人誌「ホーム」を発刊したが、成功しなかった。二十七年、集英社に専務取締役として迎えられ、「明星」を創刊する。「ホーム」の負債は、小学館の二代目社長、相賀徹夫が面倒をみてくれた。

「明星」には、はっきりした目標があった。「平凡」に追いつけ、追い越せ——「平凡」の〝そっくりさん〟といわれても、本郷は痛痒を感じなかった。芸能界のスターを扱ったら、だれが編集しようが、似てくるのは当然ではないか、というわけである。しかもなお、ちゃんと〝本郷色〟を出したつもりだという。

「主婦之友」は「親切、正確、わかりやすさ」を編集のモットーにした。「親切」は人に接する基本。取材するときも、相手の身になって考える。あとのふたつは記事の要諦だが、本郷流に翻訳すると、原稿は足で書くものだ、ということになる。「明星」でも、これを徹底させた。「あちらさん（『平凡』）より、こっちのほうがよく歩いて取材したことは自慢できる」といっていた。

イケイケ、ドンドンの太鼓もたたいた。手応えを感じた号は、強気に部数をふやした。返本率は上がっても、実売部数は上積みされるという作戦である。部数が伸びれば、取次や書店のあいだで、「明星」は勢いがいい、という口コミが流れはじめる。これが意外にバカにならない。このあたりは、「付録十年戦争」の修羅場をくぐった経験がものをいっている。

本郷は「主婦之友」時代から毎号、最終プランがまとまると、神棚に供えてお祈りした。べつに神がかっていたわけではないけれど、信じる者は救われる、といった趣があった。六十九歳で現場を退いてから、自ら編みだしたバイオリズムによる競馬必勝法を自費出版し、通信販売した。著者兼発行人は「これは絶対に当たります。評判がよくて、発送するのがたいへんなんだ」と吹聴していた。

昭和七年に「主婦之友」で、牧逸馬（林不忘、谷譲次の筆名もつかった当時の人気作家）の『地上の星座』を連載した。本郷は「これは大衆小説のバイブルです」と讃歎していた。二年間の連載が終わったとたんに、部数は十万落ちた。以後、作家に小説を頼みにいくときは、〝バイブル〟を持参して、「こういう小説を書いてください」と差し出した。なかには、カチンとくる作家もいた。かつては純文学作家だった小島政二郎は「こんなもの書けるか！」と叫んで投げ捨てた。なんとかとりなして書いてもらった『人妻椿』（10～12年）は、十万部を取り返した。

「明星」のころには、さすがに〝バイブル〟は持参しなかったが、まだヘキは残っていた。本郷は、あまり小説を読まない。たまたま読んで、おもしろいと思うと、すぐ原稿を頼みにいく。そのさい、かならず「何々のような小説を書いてください」と注文をつけた。先方が、失敗作と思っているかどうかなど、まったく気にしない。同行した編集者がハラハラする場面が、何度もあった。

三島由紀夫が連載エッセイを

三十二年十二月に、「週刊明星」創刊準備室が発足する。社外から室伏哲郎（のちに政治評論家）、永田久光（のちに電通PRセンター）が参画した。永田は、ベストセラーにもなった『出世』（カッパ・ブックス）で〝売り込み術〟を教えた。それを自ら実践して、週刊誌準備室にはいったが、本郷と企画の意見が合わず、数カ月で飛び出してしまった。

当時の集英社は「明星」というドル箱をかかえ、子ども雑誌もよく売れていた。伸び盛りの会社ではあったけれど、まだ大手出版社には程遠かった。神保町にある木造三階建ての社屋は、三階でお茶をこぼすと一階までもれてくるといわれた。

小学館というバックはあっても、週刊誌の発刊が集英社にとって、いかに負担が大きいか、本郷にはよくわかっていた。が、雑誌に力がつくまでは、じっと我慢しよう、などとはハナから考えなかった。派手な〝お祭り騒ぎ〟を起こすつもりでいた。すでに編集方針は早くから決めていた。「週刊新潮」のジュニア版——いくら強気でも、すでに「週刊朝日」の牙城に迫りつつあった「週刊新潮」とまともに張り合う気はなかった。「明星」の経験から、本郷は若い読者層の存在に着目した。若者を狙った

「平凡パンチ」の創刊は三十九年五月だから、これは卓見だったが、「週刊明星」には、まだ、それを実行するだけの戦力がなかった。編集部は小学館と集英社の混成部隊だった。なかには小学館の営業部からまわされてきたズブの素人もいた。雑誌経験者も週刊誌にかんしては、素人であることに変わりはなかった。

「週刊新潮」とは経験の差が二年以上もある。週刊誌づくりのノウハウは、しぜんに伝わってくるけれど、いざ自分がつくるとなると、やはり、経験の差は埋めがたい。これがアメリカの出版界なら、「週刊新潮」の編集者を何人か、破格の給料で引き抜いてくるところだろう。結局、本郷も「週刊新潮」と同じことを考えるしかなかった。

七月二十七日創刊号の目次を見ると、当座は人気作家を並べて、〝お祭り気分〟を出そうとしているのがわかる。

特別レポート　大番に賭ける青春——金のキャデラックをめざす青年の明暗

不道徳教育講座（連載）　三島由紀夫

〈四大連載小説〉

すれちがい夫婦　獅子文六

若い川の流れ　石坂洋次郎

遊太郎巷談　柴田錬三郎
蒼い描点　松本清張
随筆　さんぱち会の記　石川達三
対談　グランドの決闘　金田正一　長嶋茂雄

獅子文六は「週刊朝日」の『大番』が大当たりした。特集は、その人気にあやかろうとしている。石坂洋次郎は『青い山脈』につづいて、『丘は花ざかり』（27年　朝日新聞）、『陽のあたる坂道』（31年～32年　読売新聞）など、新聞小説で絶大な人気を博した。本郷は『丘は花ざかり』のような小説を書いてください、と頼んだが、石坂は注文どおりのものは書かなかった。石川達三は石坂と並ぶ新聞小説の人気作家。『四十八歳の抵抗』（30年～31年　読売新聞）は流行語にもなった。

「眠狂四郎」の作者は街を歩いていても、「あっ、シバレンだ」と指をさされるくらい顔を知られた。生みの親が大口を開けて笑ったりすれば、ニヒルが売りものの主人公のイメージを壊しかねない。ひとまえでは口をへの字に曲げるようにしたら、いつしかそれがふだんの顔になってしまったという。

松本清張は、三十三年の二月に刊行された『点と線』と『眼の壁』で、一気に流行作家の階段を駆け上った。二十八年に『或る「小倉日記」伝』で芥川賞を受賞してから も、出版社に売り込みをしていた、この遅咲きの流行作家は、限界を試すために、すべて注文を受けて立った。「週刊明星」の連載がはじまるころには、超弩級の執筆量をかかえていた。

連載小説だけでもホームランバッターを四人、並べたようなものだが、本郷は安心しなかった。若者にいちばん人気のある作家は、だれか、と小説担当者に念を押したら、「やっぱり三島由紀夫でしょう」といわれた。純文学畑は遠望するだけで、まして三島には一面識もない。会社も純文学とは、およそ無縁だったが、そんなことは、いっこうに頓着しなかった。部下に、原稿は足で書けと命じるくらいだから、腰は軽い。さっそく三島に会いにいった。

本郷は深々と頭を下げて、初対面の挨拶をすますと、「私は先生の作品を一冊も読んでおりませんが……」と切り出した。三島は「こんな正直な編集者と初めて会った」と喜んだ。仕事のほうも、エッセイなら、と『不道徳教育講座』の連載を引き受けた——後年、この話になると、本郷は「そりゃ伝説だよ。一冊くらいは読んでいたはずだけれど、似たようなことをいったかもしれないなあ」とあえて否定しなかった。ともあれ、三島が二回り以上も年上の壮年編集者に好感をもったことは、たしかのようだ。

後日談もある。連載が終わって、打ち上げの席で、本郷が三島に「私は先生みたいに頭のいい方に初めて会いました」といった。三島は「いやいや、私よりもっと頭のいい人はいますよ」と応じる。「それは、いったいだれですか」「中村光夫という人がいます」「その方は、どんな小説を書くんですか」……。三島は「それは、そうと、本郷さん……」と咄嗟に話題をかえた。中村光夫が文芸評論家であることを教えるまでもないと思ったらしい。

四十三年に、本郷が現役を去ったとき、親しい作家が発起人になって、慰労パーティが開かれた。発起人のひとりである三島は、スピーチで「本郷さんは芸術と商売を結びつけた男です」と称揚した。

三島が加わって、「週刊明星」の連載陣はオールスター級の顔ぶれになった。おまけに、創刊号は石川達三もいる。金田と長嶋の対談も、プロ野球ファンなら興味津々。その年、巨人に入団した大物ルーキーは、国鉄の快速球投手との初対戦で、四連続三振を喫したといえば、それ以上の説明は要しないだろう。

それまで、集英社は文芸出版の実績がゼロだった。これだけ豪華な執筆陣をそろえたのは、いかにも〝お祭り騒ぎ〟が得意の本郷らしい。雑誌業界では、「週刊明星」

は原稿料を相場の二倍にした、という噂も流れた。当時の「週刊明星」編集者に訊いたら、すこしははずんだかもしれないが、二倍ということはなかったという。飾り気がなく、相手の懐に飛び込んでいくような、本郷の人柄が作家に好かれたのだろうともいっている。

もちろん、本郷はノンフィクションに手を抜いたわけではない。草柳大蔵に早くに声をかけている。週刊誌ライターという職業は、ようやく定着しかかってはいたが、毎週、特集を書いている専門職のライターは草柳しかいなかった。

草柳にすれば、創刊の週刊誌から、さっそくお呼びがかかったのだから、わるい気分ではない。「週刊新潮」のジュニア版と聞いて、競合する週刊誌ではないこともわかった。ジャーナリストにとって、つねにメッセージを託せるメディアをもつことは、最高の財産である、というのが持論でもあった。ふたりの取材記者を引き連れて「週刊明星」に参画した。「草柳グループ」という意味では、こちらのほうが、「新潮」のグループよりも、ひと足早い。

しかし、本郷のほうは、草柳の力をそれほど高く評価していなかったふしがある。商売人の本郷からみれば、早い話が、草柳の提唱する「データ・ジャーナリズム」など、どうでもよかった。理屈は抜きで、編集部が出すプランを、おもしろい記事に仕立ててくれれば、それで充分だと思っていた。特集にたいする草柳のアドバイスも、かえってわずらわしかった。

ひと言でいえば、本郷にとって、草柳は、つかいにくいライターだった。だから、もっとつかいやすいライターを物色した。戦中派作家として知られ、ノンフィクションも書く村上兵衛《ひょうえ》にも、なにか手伝ってくれないか、と頼んだ。村上は「それなら、私より適任者がいますよ」といって、梶山季之の名前を挙げた。

ライター・梶山季之の産声

梶山は昭和二十八年四月に家出を決行して上京した。肺結核を病み、小説家志望の息子を、父は見放さなかった。居所がわかると、当座の生活費を送った。父は戦時中、朝鮮総督府の土木技師をつとめ、戦後は広島復興計画にたずさわった。生活は安定していたし、実家は素封家ではないが、多少の資産もあった。実直な技術者気質の父かられみたら、息子の文学熱はハシカにかかったようなもので、熱が引くまでは面倒をみるしかないと思っていた。

八月に結婚。横浜市の鶴見工業高校に国語教師の口が見つかった。教育界の名門、広島高師の出だから、資格は申しぶんなかった。友人のレントゲン写真を借りて、身体検査もパスした。九月から教壇に立って、糊口をしのいだが、いずれ新年度の健康診断で結核がバレることはわかっていた。それを待たず、三月に辞表を出した。広島高師にはいったときから、教師になる気はなかった。根がマジメ人間だから、腰掛け教師が後ろめたくもあった。

失職して、ものは試しと、製薬会社の宣伝部員募集に応じた。予想どおり、身体検査で落ちたが、隠れた才能も発揮した。しばらくしたら、その製薬会社の新聞広告に、入社試験の答案に書いた梶山のコピーが、そのままつかわれていたという。

父が資金を出してくれて、息子夫婦は阿佐ヶ谷に喫茶店を開業した。喫茶店なら、病身の息子も働けるだろうという親心だったが、店は女房任せで、亭主は、まったく役に立たなかった。習作の原稿書きに励むだけならまだしも、一日の売上金が、そっくり飲み代や本代に消えることもあった。

梶山は店を根城に同人雑誌懇話会を主宰した。「阿佐ヶ谷茶廊」は文学青年の溜まり場になった。いつも客がいるにはいたけれど、コーヒー一杯で延々と文学論を交わす連中だから、売上には貢献しなかった。

村上兵衛とは懇話会で知り合った。ストーリーテラーの資質が顔を出す梶山の小説は、純文学志向の強い出席者たちに、いつも酷評されていた。村上は、梶山にはもっとのびのびと書ける舞台が必要だと思った。三十年、村上の紹介で、梶山は第十五次「新思潮」の同人になった。同人には、村上のほかに三浦朱門、阪田寛夫、曾野綾子、有吉佐和子などがいた。

「新思潮」には自由な雰囲気があった。文学はかくあるべし、というような青くさい議論をしなかった。小説には、いい小説とわるい小説しかない、という考えが主流を占めていた。合評会で、梶山の作品も頭から否定されることがなかった。こうしたほうがおもしろくなるのではないか、などと具体的に論議された。梶山は「『新思潮』にはいって、ほんとによかった。村上さんには足を向けて寝られない」と述懐している。

そのいっぽうで、「新思潮」の営業部長を自任した。紀伊國屋書店の田辺茂一に交渉して、「新思潮」を店頭に置いてもらった。数年後に、酒場で顔を合わせたとき、田辺は、どこか育ちのよさがある、礼儀正しい文学青年のことをおぼえていた。また、この営業部長は、倒産三日前の河出書房から広告をとってきた、という伝説も残している。

梶山には、文学青年の枠にはまらない行動力があった。好奇心が旺盛で、おもろいやないかと思うと、じっとしていられない。二十九年には、当時「振興外貨」（リテンション）とか「マル特」とか呼ばれた証書の売買で、一山当てようと企んだ。振興外貨というのは、輸出の報奨として与えられる特別割当外貨のことで、そのカード（確認記録書）がプレミア付で売買された。

その年、北海道の小豆が凶作だった。通産省が小豆の大量輸入を許可しそうだ、という情報が流れた。小豆の輸入には振興外貨が必要だ。通産省が正式に発表すれば、カードの相場は二倍、三倍に跳ね上がるだろう、と予想された。貿易商を営む中学時代の友人から、その話を聞いて、梶山は奮い立った。おもろいやないか。俺がゼニを見つけてくるわ。トイチ（十日で一割）の利息を払っても、儲かるやないか――。

本気で金策に走りまわった。「闇金融の帝王」と称された森脇将光にも会っている。臆面もなく「おもろい儲け話があるんや。十億円ばかし融資してくれんか」ともちかけたが、「担保がなければ、ダメだ」と冷たくあしらわれた。さらに、自称九州の財閥やユダヤ人の高利貸しにも融資を頼んだが、結局、一攫千金は画餅に帰した。運動資金は喫茶店の売上からもちだしていた。

しかし、振興外貨に振りまわされた数カ月間の経験は、むだにはならなかった。梶山は文学青年にはめずらしく、経済と数字に強かった。金儲けの欲と好奇心も手伝って、振興外貨と小豆相場の実態を、一から学んで情報も集めた。自分でも気がつかないうちに、取材のノウハウを体得していた。おりから、凶作のあおりで小豆は〝赤いダイヤ〟といわれるほど、相場が急騰した。日本橋蠣殻町の穀物商品取引所では、売り方と買い方の欲望がぶつかり合った。梶山は、これは小説になると思った。

三十一年、「新思潮」に「振興外貨」を発表した。あらためて取材して、〝赤いダイヤ〟の狂乱相場の裏で、政治がらみの権謀術数がはりめぐらされ、右翼の黒幕も一役買っていることを知った。この短編が代表作『赤いダイヤ』(37年)の原型になった。この年、芭蕉の青年時代に材をとった「合はぬ貝」が、「新潮」十二月号の同人雑誌推薦小説集に掲載され、初めて小説の原稿料をもらった。同人雑誌賞は瀬戸内晴美が受賞したが、梶山は新人作家群の一隅に座を占めた。

三十三年初頭に、転機は意外なところからやってきた。「文藝春秋」編集長の田川博一が「週刊朝日」で、こんな発言をした。

「……いいルポものをやりたいのだが、有能なライターがいない。社外の人で若い、優秀なルポ・ライターを五人ほど、育てたいのが、私の念願です」(33年1月26日号)

それを読んで、梶山は、自分にできそうな気がした。「振興外貨」の経験で、取材は苦にならなかったし、調べて書くのに向いていると思っていた。ルポライターで生活費を稼ぎ、空いた時間に小説を書けるだろう、という算段もあった。喫茶店は酒場

「ダベル」に変わっていたが、相変わらず経営は苦しかった。

さっそく田川に手紙を書いた。テレ屋の梶山が仕事の売り込みをしたのは、生涯で、この一回だけだろう。もっとも、「振興外貨」の切り抜きを同封して、封筒に切手まで貼ったが、出すのをためらった。妻はそうとは知らず、夫の留守に気を利かして投函した。すぐ田川から返事がきて、梶山は銀座の文藝春秋新社を訪ねた。田川に定期の仕事を約束されたわけではないが、覚悟を決めて「ダベル」を閉店した。梶山は「背水の陣だった」といっていた。

三月に「文藝春秋」からリライトを頼まれた。つづいて、無署名ながら「サラリーマンの故郷　丸ビル物語」を書いた（5月号）。初めてのレポートだったが、靴磨きのオバさんの話を聞いて、視点が定まったという。相前後して、「新思潮」同人の紹介で、ラジオドラマや中学生雑誌の冒険小説も書くようになっていた。

まだ、さしたる実績こそなかったが、梶山のエンターテインメントの才能は確実に開花しつつあった。そこに目を止めて、村上兵衛は「週刊明星」の本郷に梶山を推薦した。

ついでながら、「ルポルタージュ」と「ライター」をくっつけた「ルポライター」という新語は、田川博一がつくった。

〝鬼の室伏、仏の梶山〟

三十三年五月、梶山は「丸ビル物語」が載った「文藝春秋」を持参して、「週刊明星」の特集デスク、赤井孝一（のちに小学館「マドモアゼル」編集長、広告部長）に会いにいった。すでにスタッフに加わっていた室伏哲郎は、こういっている。

「……ぼくらみんなで読んで感心したんですよ。これは、おれたちよりうめえ、ぜひやっていただこう、と衆議一決したわけです」（『「トップ屋戦士」の記録』）

梶山のほうは、特集のライターに起用されるとは思っていなかった。週刊誌に関しては、ズブの素人だから、一から勉強するつもりでいた。せめてコラムでも書かせてもらえば、毎週のことだから、飲み代くらいは出るだろうと思った。そのころから気前がよくて、質屋通いをしてまで友人との飲み代をつくった。

テスト版では、ニューースストーリーやコラムのリライトをした。その腕が認められて、本番では特集を書いた。締切の夜は、社の近くの旅館にこもったが、ライターひとりに一室というわけにはいかなかった。梶山は室伏と同じ部屋で書いた。取材は若い編集部員と外部の記者が担当したが、まったくの素人集団だった。室伏はデータ原稿を読むと、記者に取材の不備をきびしく指摘した。梶山は「これだけ材料があれば、立派なものだ」と注文をつけなかった。取材記者のあいだでは、〝鬼の室伏、仏の梶山〟といわれたりした。

梶山は「週刊明星」と並行して、「梶季彦」のペンネームか無署名で、「文藝春秋」にほぼ毎号、レポートを書いていた。「週刊明星」の仕事は、かなり勝手がちがった。「週刊新潮」のジュニア版ということで、意識してスピードのある文章を書こうとしたが、当初はコツがつかめなかった。後年、本郷は懐かしげにいっていた。

「いまや、天下のカジさんですが、最初のころは、書き直してもらったこともありますよ。原稿読んで『あんた、これおもしろいと思うか』『おもしろくないですね』『あんた、おもしろくないものを、どうして書くんだ』ってな、やりとりをしました。ただ、さすがに呑み込みが早い。こちらの注文をひと言、聞いただけで、うまく仕上げてくれましたね」

本郷も相手が梶山だから、こんなやりとりができた。草柳だったら、とてもこうはいかない。われわれは、編集部が出したプランに従って取材し、できるかぎりデータを集めた。レポートはデータの構築によって読ませるものである。ウラをとらない噂話の類で、おもしろおかしく書くなら、レポーターは要らない。われわれの取材力が未熟だというご判断なら、その個所を具体的にご指摘いただきたい――ざっとこんな調子で、草柳は反論したにちがいない。

梶山は「週刊明星」にとって、まことにありがたいライターだった。政治・社会問題から国際情勢まで、手ぎわよくまとめた。梶山の手法は「データの構築」というより、データの流れをつくるというほうが当たっている。堅いテーマを若者向けに柔らかく料理して、しかもストーリー性をもたせた。

注目すべき特集に「またコワくなる警察官——デートも邪魔する警職法!」(11月9日号)がある。梶山が原稿を書いて、室伏がタイトルをつけた。やや〝タイトル勝ち〟のきらいはあるけれど、警職法(警察官職務執行法)の改正によって、警察官は、こんなこともできるようになる、と梶山流のタッチでレポートしている。

「週刊明星」には、まだ芸能月刊誌「明星」の兄弟分というイメージが強かった。その〝芸能週刊誌〟が、マスコミの警職法改正反対運動に、旗幟を鮮明にして名乗りを上げた。警察のトップ筋は、「『世界』や『中央公論』にたたかれても、こたえないけれど、こんな週刊誌に、こんなふうに書かれると参るなあ」とボヤいたという。また、自民党の領袖・河野一郎は「ここにも伏兵がいたか」と嘆いたと伝えられている。

「皇太子妃は決まった!」、校了直前に現われたのは……

しかし、「週刊明星」は、もっとどえらいプランを進行させていた。「警職法」の号が校了になった十月末、梶山が編集室に飛び込んできて、赤井にいった。

「アカちゃん、いまサトウハチローさんに聞いたんだけれど、どうやら皇太子妃は日清製粉のムスメに決まったらしいぞ」

赤井は、あわてて人差し指を唇に当ててから、「カジさん、安心しろ、資料は一通りある。写真も二十枚ばかり集まっている」と応じた。創刊以前から、ことし最大のニュースは皇太子妃の決定である、と目標を定めていた。その意を受けて、編集部員の小山泰江が潜行取材した。

私は小山の名前を草柳からも梶山からも聞いたが、そんな凄腕の女性記者がいたことに讃歎したものだ。当然のことながら、赤井は取材ルートを明かしていないが、小山は独自のルートをつかんだらしい。赤井も皇室担当の新聞記者にコネをつくって、情報を集めた。九月ごろには、皇太子妃は正田美智子にまちがいなし、とふたりの意見は一致した。十月にはいって、周辺取材を固め、写真も集めた。編集部内では、だれも、その成果を知らされていなかった。

新聞社では、毎日と朝日が先行して、七月ごろには、本命は正田美智子と的を絞っていた。ただし、確証がつかめなかった。七月二十四日に、新聞史上初めての報道協定が成立する。つづめていえば、新聞協会と民間放送連盟に加盟する各社は、宮内庁の正式発表まで皇太子妃選考の報道をしない、という協定である。雑誌協会にも宮内庁から、報道協定に協力してくれるよう要請があった。時の雑誌協会理事長、佐佐木茂索（文藝春秋社長）は、そのむね了承した。

集英社は雑誌協会に加盟していたが、赤井は強行するつもりでいた。取材担当もふやしたが、やはり決め手に欠けた。取材班は、ある〝実験〟を思いついた——これは梶山に聞いた話で、梶山の小説「スクープの内幕」（「別冊宝石」41年12月）にも出てくる。

正田家の縁戚筋から、耳寄りな情報がはいった。美智子嬢には毎晩のように九時に電話がかかってきて、三十分以上も長電話することがあるという。皇太子専用の直通電話の番号は、学友から聞いてあった。取材スタッフは九時に、まず正田家に電話した。話し中……。ついで皇太子の直通電話にダイヤルしたら、こちらも話し中……。これを三晩つづけたら、三回とも結果は同じだった。赤井以下、スタッフ全員が手応えを感じた。

編集長の本郷も、「よし、やろう」と決断した。先を越された新聞社が、どんな報復をしてくるか。雑誌協会との問題もある。本郷は「万一の場合は、俺が腹を切る」

と覚悟を決めた。十一月十六日号には、〝世紀のスクープ〟が掲載されるはずだった。

ところが、締切の当日、東宮教育係で、皇太子妃選考の座長格でもある小泉信三が、集英社を訪ねてきた。本郷が会うと、小泉は「記事を見合わせてほしい」と頭を下げた。正田美智子の名前こそ出さなかったが、真実だから困る、というニュアンスだった。小泉に懇請されて、本郷は、報道協定を遵守する意志がないことは告げたが、ここは一週、見送るしかないと妥協した。

報道協定には反対の赤井は涙を呑んだが、当面、翌朝入稿の五ページのアナを埋めなくてはならない。急遽、梶山が呼び出された。小泉信三ないしは宮内庁に全面降伏したのではないことを表明するために、データを生かした小説を書いてもらいたい、と赤井は梶山に頼んだ。

「軽井沢、テニスコート、お妃候補の外遊」という三題噺のような注文も出した。梶山は赤井と小山の話を聞いて、夜の九時ごろに自宅に帰ったが、朝の五時には二十枚（四百字詰め原稿用紙）の短編「話題小説　皇太子の恋」を書き上げた。

こういう急場しのぎに、梶山ほどうってつけのライターもいないだろう。後年、「三題噺なら、題を聞いた瞬間に書きはじめられるよ」と笑っていた。梶謙介の筆名による「話題小説　皇太子の恋」も、たぶん、自宅に帰って机の前に座ったときには、ストーリーができあがっていたにちがいない。テニスを馬術に替え、狂言回しの新聞記者を仕立てる。記者がお膳立てして、皇太子は軽井沢の白樺の林で、〝ローマの休日〟を味わう。現実のお妃候補が九月に外遊したのに倣って、ヒロインも、皇太子への想いを胸にパリへ旅立つ――。

この〝スクープ小説〟が世に出た直後に発売された「ニューズウィーク」(11月10日号)に、東京発の皇太子妃報道が載った。小さな記事で、相手の名前は伏せていたが、皇太子は自分で選んだ〈an industrialist's daughter〉(実業家の娘)と結婚するだろう、と報じた。赤井は「これを見て日本人が知らぬことを外人が知っているなんて……怒りをおぼえました」といっている(岩川隆『ノンフィクションの技術と思想』)。さらに十一月七日夜、AP通信が「正田美智子」の名前を出した記事を全世界に打電した、という情報も伝わってきた。赤井は、もう躊躇しなかった。本郷もゴーサインを出した。

スクープと報道協定

そこへ伏兵が現れた。「週刊明星」(11月23日号)より、二日早く発売された「週刊実話」(24日号)が、「正田美智子」の実名入りで皇太子妃決定をすっぱ抜いた。編集部が興信所をつかって集めた資料をもとに、記事は千家紀彦が書いた。

千家は皇室関係に強いと定評があった。生家は出雲大社宮司の家系で、学習院中等科の同級生には三島由紀夫がいた。中学二年からグレて、三年で退学させられた。感化院から刑務所にまではいったが、昭和二十六年ごろから、青柳淳郎の筆名で、文筆を飯のタネにするようになった。弟も学習院の出で、縁戚にも旧華族がいた。三十年、皇太子の〝ご学友〟をテーマに地方紙に小説を書いた。当時、すでにお妃候補の取材に走り出していた、毎日新聞が千家の小説に目を止めた。社会部長じきじきの依頼で、旧華族関係の取材に協力して、毎月一万円の嘱託手当をもらっていた。が、たいしたネタも提供できないので、二年半ほどで嘱託を辞退した。

三十三年五月ごろ、千家は毎日新聞の皇室担当デスクにTBSのふたりのお妃記者を紹介された。いっしょにクルマに乗っているとき、たまたまTBSの記者が「ショウダミチコ」の名前を口にした。とたんに毎日のデスクは黙り込んでしまった。千家が初めて聞く名前だったが、ピンとくるものがあって、自分でも調べはじめた。どうやら本命らしいと思ったころに、「週刊実話」から執筆依頼があった。仁義を通すつもりで、毎日のデスクには電話で、こういう原稿を書くと伝えた。記事を中止してくれないか、と泣きつかれたが、千家の一存ではどうにもならなかった。

「週刊実話」は発行部数も二十万前後で、知名度も信用度も低かった。皇太子妃決定の第一報も、一般大衆の関心をそそるまでに至らなかった。記事も写真も、間に合わせの感があったが、さすがにマスコミの反応は早かった。バスに乗り遅れてはならじとばかりに、五反田の正田邸の周辺には新聞・テレビのカメラマンが殺到した。

いっぽう、「週刊明星」は思わぬ障害に出会った。新聞社の広告部が報道協定を盾に、「皇太子妃決定」のコピーは新聞広告に掲載できないと拒否した。文案を変えてくれという。集英社の宣伝担当者は、広告と報道協定は関係ないと降版ぎりぎりまで頑張ったが、新聞社側は頑として応じなかった。結局、発売当日の新聞広告は、特集のスペースに「創刊されてから四カ月! 60万の愛読者をもつ、新しい時代の週刊誌……」、という宣伝文句を入れる珍妙なものになってしまった。

五ページの特集「内定した!? 皇太子妃――その人正田美智子さんの素顔」は、記事も写真も「週刊実話」より、はるかに充実していた。「実話」の原稿を書いた千家紀彦も「『明星』の勝ちだった」と認めている。新聞・テレビのお妃取材陣は、「やられた」と地団駄を踏んだ。それまで出版社系の週刊誌は無視してきた。「週刊明星」というのは、芸能週刊誌じゃないのか。まさか、そんな週刊誌に抜かれるとは夢にも思っていなかった。しかも、記事の中身は、自分たちが全力で追ってきた〝ヒロイン〟をしっかりとらえていた。

読者の反響も大きかった。通常号より上乗せした六十万部を発行して、九割以上売れた。では、「週刊明星」の大勝利かといえば、かならずしもそうとはいえない。やはり新聞広告に〝本年最大のスクープ〟を打てなかったのが響いた。報道協定を気にしたのか、表紙にも「皇太子妃決定」の文字がない。発売後、新聞・テレビは当然、「週刊明星」の記事を黙殺したので、巷の話題をさらうには程遠かった。読者が店頭でページをめくって、「おやっ」と手を止めるのでは、売れ足も遅い。発売直後に完売店続出ということにでもなれば、本郷お得意の〝お祭り騒ぎ〟が実現したはずだが、そこまでには至らなかった。

しかし、「週刊明星」というゲリラの出現で、宮内庁の発表が早まったことはたしかである。十一月二十七日、皇太子明仁と正田美智子の婚約が発表された。ダムの水門が開いたように、婚約報道が奔流した。初の民間出皇太子妃になる婚約者は、たちまち〝世紀のヒロイン〟の座についた。記者会見で皇太子について語った「とても清潔で誠実なお方」という寸言は、その日のうちに津津浦浦をかけめぐった。もはやゲリラの出番はなかった。「週刊明星」の〝スクープ〟は洪水の中に埋もれてしまった。

もっとも、「週刊実話」と「週刊明星」の特集が、本当のスクープであったとはいいかねる。「ニューズウィーク」の記事が出た段階で、すでに新聞・テレビの皇太子妃取材陣は、いつ公式発表があっても、報道合戦に打って出られる態勢をとっていた。「週刊朝日」、「サンデー毎日」も、いまや遅し、と出番を待っていた。

「週刊明星」の〝身内〟でもあった草柳大蔵は、「あれは、ただの抜け駆けだよ」と断じた。報道協定は大本営発表時代の体質を受け継いだ愚行だが、決まったからには、約束を守るのがジャーナリストの仁義というものだろう。出版社は協定の埒外とはいっても、刀を抜くに抜けない、同業のジャーナリストがいることを忘れてはいけない――。また、草柳にいわせれば、世間も、あの記事に抜け駆けの気配を感じとり、スクープと認めなかった。そのために、「週刊明星」は、かえって評価を下げた。配下の記者が取材で名刺を出すと、相手は一瞥して、「あの雑誌ね」と軽んじる態度を見せることもあったという。「梶山君は、あれ（「皇太子の恋」）を書いてはいけなかったんだ」とまでいっていた。

梶山は元来が野次馬精神の持ち主だから、報道協定に反発した。「報道の自由」がどうの、しかつめらしい議論をすることはなかったが、報道にタブーがあってはならない、という考えを一貫してもっていた。それに、皇太子妃が宮家でも華族でもなく、民間から選ばれたとなれば、おもろいやないか、と好奇心が黙っていない。また、梶山の性格からいって、せっぱ詰まったデスクの赤井に頼まれたら、一肌でも二肌でも脱ぐ。ゲリラ志向はなかったが、新聞・テレビの連合軍を相手に、「いっちょう、やってやろうやないか」と奮い立つ向こう意気の強さが、梶山の身上でもあった。草柳の批判を話したら、「クーさん（草柳）やったら、そういうやろうなあ」というだけで、気にするふうもなかった。

雑誌の〝社風〟とライターの気質

そのころ、光文社の「女性自身」が創刊を間近に控えていた。編集長の黒崎勇は「週刊新潮」の特集を毎号、読んでいたが、かならず一本、ちがった味のレポートがあることに気がついた。なにより文章が読みやすい。黒崎流にいえば、「行間から足音が聞こえてくる」ような取材力も読みとれた。このライターに頼もうと決めた。それが草柳大蔵だった。黒崎は、こういっている。

「草柳さんに会って、その場で、特集を任せる気になった。あのころ、すでに週刊誌の特集に一家言もっていた。それも空理空論じゃなくて、女性誌なら、この問題をこういう切り口でやってはどうか、と具体的なんだ。その後も会うたびに、参考になる意見をずいぶんもらった。たまにペダンチックになるけれど、それは、たいした問題じゃないと思った」

皇太子婚約の〝スクープ〟以前から、草柳は、あまり居心地がよくなかった。当初、「週刊新潮」のジュニア版と聞いて、心動くものがあった。思いきって、ハイティーン雑誌にすべきだ、と本郷に進言した。テスト版では、「キミたちは……」というスタイルを試みた。このスタイルは、のちに「平凡パンチ」(39年5月創刊)が開発するのだが、「週刊明星」は重用しなかった。編集の基本方針も、草柳からみれば、単に月刊「明星」の編集感覚を引きずっているにすぎなかった。

要するに、草柳は「週刊明星」の〝社風〟に合わなかったのである。同じことは、梶山と「週刊新潮」についてもいえる。梶山が「週刊新潮」の特集を書いたのは、「勅使河原霞の周囲」(33年6月23日号)の一回きりだが、これが、梶山の文章とは思えない。どうやら編集部がリライトしたらしい。斎藤十一の「インテリ俗物主義」に梶山の野次馬精神が合わなかったようだ。もっとも、その一月前には、斎藤が編集長の「新潮」に、梶山の短編小説「地面師」が載っているので、新人作家としては斎藤のオメガネにかなっていたといえる。

草柳が「週刊明星」にイヤ気がさしたとき、「女性自身」の話がきた。特集のプランも草柳の意見を尊重するといわれて、乗り気になった。「女性自身」に移るさい、草柳は、ひとつだけ条件を出した。データ原稿の稿料に配慮してほしいと頼んだ。アンカーの存在価値は、ようやく認められてきたが、データマンの地位は軽視されていた。「女性自身」のデスクは即座に承諾した。草柳は十一月いっぱいで「週刊明星」を辞めた。

皇太子妃報道は「週刊明星」にカンフル剤の効能はもたらしたが、まだ雑誌に基礎体力が備わっていなかった。それは本郷も計算ずみのはずだったが、誤算もあった。四番バッターをそろえた連載小説陣から、「眠狂四郎」のようなヒーローが出なかった。作家の名前だけで、小説を読んでくれる時代は、すでに終わっていた。特集は「河野・池田の決闘」(34年2月1日号)、「岸首相に別荘を贈った男？　政商№1木下茂氏の解剖」(2月22日号)のような、内幕ものにも力を入れたが、部数は低迷した。

第六章

戦国時代の到来

創刊時の謳い文句は「あさっては皇太子さまのご成婚」

「週刊文春」の創刊

「週刊明星」が創刊された昭和三十三年七月には、文藝春秋（当時は文藝春秋新社）も週刊誌発刊に動いていた。その大前提に「週刊新潮」の成功があった。文藝春秋と新潮社は、もともと菊池寛の時代から、おたがいに対抗意識をもっていた。

しかし、首脳陣には池島信平をはじめ慎重論者が多かった。〝国民雑誌〟を育てた池島の編集者感覚は、「週刊新潮」の〝金と女路線〟を受けつけない。週刊誌を出すとなれば、扇谷正造の「週刊朝日」に近いものを想定する。吉川英治の『新・平家物語』、徳川夢声の「問答有用」に匹敵する人気企画は、一朝一夕には実現しないだろう。いま、当社の経営は充分すぎるほど安定している。好き好んで大冒険をする必要はないのではないか、というわけである。

いちばんの推進論者は社長の佐佐木茂索だった。かつて横光利一、川端康成などとともに新感覚派の新進作家として注目された、この文人社長は、柔軟な経営感覚をもっていた。

先行した新潮社も集英社も、ほかの出版社も、準備段階で広告収入にまったく目途が立っていなかった。文藝春秋は、広告主にも、広告業界にも、「文藝春秋」で培った信用があった。

佐佐木は「消費社会」などという用語はつかわなかったはずだが、「消費社会」の到来を感じとっていたにちがいない。大衆の購買意欲をそそる広告がふえれば、活字媒体の分け前もふえる。文藝春秋の週刊誌なら、かなりの広告収入を期待できるはずだ、と佐佐木は考えた。

もっとも、佐佐木には文人社長らしい一面もあった。計数に明るかったが、あくせく算盤を弾く経営者ではなかった。昭和四十一年三月、文藝春秋は銀座八丁目のビルから紀尾井町に竣工した新社屋に移転した。銀座のビルは売却された。訳知り顔の業界人が「惜しいことをしましたなあ。もっていれば、いくらでも高くなったのに」といったら、佐佐木は、にこりともせずに「文藝春秋は不動産屋ではありません」と答えたという。

秋から暮れにかけて、連日のように役員会が開かれたが、大勢は慎重論に傾き結論は出なかった。年が明けて早々に、佐佐木が最後の断を下し、四月の創刊が決まった。編集長には「文學界」「別冊文春」の編集長、上林吾郎（のちに社長）が任じられた。

上林は「文學界」「オール讀物」「文藝春秋」の編集長を歴任した。才気煥発とか豪腕とかの評判はなく、むしろオットリ型の編集者だった。昭和十四年、文藝春秋入社。翌十五年に応召し、太平洋戦争が勃発すると、開戦直後のフィリピン上陸作戦に参加した。十八年に、いちどは兵役を解除されたが、半年後に再応召。ビルマに派遣され、インパール作戦に従軍した。敗戦後は抑留所生活を送り、ようやく二十二年七月に復員した。社内でも「ビルマ戦線歴戦の兵士」で通っていた。案外、佐佐木は、インパール作戦とはくらぶべくもないが、週刊誌発刊後の苦戦を予想して、耐えに耐えた上林の戦争体験を買ったのかもしれない。

上林も週刊誌編集長を命じられそうな予感がしたという。それまでは鎌倉に住んでいたが、深夜の仕事がふえれば、家が遠すぎる。暮れのうちに六本木に引っ越した。蛇足ながら、当時の六本木は交通の便がわるい、さびれた住宅地だった。

急遽、人事異動が発令され、「週刊文春」編集部が発足した。四月入社予定の新入社員にも召集をかけた。四月の創刊まで、準備期間は正味二月、せいぜいテスト版を一回つくるくらいの時間しかなかった。こういうあわただしいところが、文藝春秋の社風といえないこともない。

週刊誌を発刊するのに、編集面でも文藝春秋は先行の出版社より、いくぶん有利な点があった。ひと言でいえば、〝書ける編集者〟がいた。有名無名を問わず、おもしろい話をもっていても、文章の書けない人がいる。編集者が話を聞いて、本人が書いたようにまとめる談話筆記が、「文藝春秋」のお家芸だった。また、人物論や社会問題のレポートを、「週刊朝日」と同じ方式で、何人かの編集者が分担して、取材・執筆することも、しばしば試みた。

そういう〝書ける編集者〟を「週刊文春」に集めた。その腕前が週刊誌の最前線で通用するかどうかはともかく、大半のページは社外ライターに依存せずにすんだ。創刊当初から、社外ライターは、特集班に所属する梶山季之のグループしかいなかった。

トップ屋集団・梶山グループの誕生

梶山は、ルポライターになるきっかけをつくってくれた田川博一（当時、「文藝春秋」編集長）を終生、恩人と思っていた。「田川さんには足を向けて寝られない」ともいっている。また、梶山にとって文藝春秋はホームグラウンドであり、恩義も感じていた。

「週刊明星」の仕事をはじめてほどなく、田川に「うちが（週刊誌を）出すときは頼むよ」といわれた。梶山にすれば、否も応もない。文藝春秋が週刊誌を出すという話を、最初に耳にしたときから、すこしでも恩返しができれば、と思っていた。

「週刊文春」編集部が発足してから、すぐに正式の依頼があった。特集デスクの小林米紀は「文藝春秋」でも梶山を担当したので、気心は知り合っていた。梶山は「ベイキ（米紀）さんほど仕事のやりやすい編集者はいない」と述懐している。それが文藝春秋の社風でもあるのだが、小林は、細かい注文はいっさいつけなかった。しかもなお、目いっぱい取材して、いいものを書こうという気にさせられたという。テレ屋で酒豪という似たものどうしで、梶山は小林の飲みっぷりと飾り気のない人柄に惚れ込み、兄事していた。

後年、小林が「週刊文春」編集長のとき、梶山は『と金紳士』を連載した。小説の人気は上々だったが、毎週、原稿は遅れた。某日、編集長みずから「よし、俺が催促してくる」と腰を上げた。梶山の仕事場は文藝春秋とは目と鼻の先の都市センターホテルにあった。まだ日の高い時間だったが、結局、その夜、原稿も届かなかったし、小林も編集室に戻ってこなかった。久しぶりに会って、仕事の話はそこそこに、その場で酒盛りがはじまった。

梶山は、かねてから心づもりにしていた、グループの編成に乗りだした。ひとりはOに決めた。Oは防衛庁の庁内紙記者だったが、梶山の紹介で「週刊明星」の取材記者になった。梶山は、Oの腕を買っていたが、後年、とんだ苦汁を飲まされることになる。

O以外は素人を養成することにした。のちに梶山の一番弟子と目される岩川隆も、ほとんどその道の経験がなかった。岩川は三十一年に広島大学文学部を卒業した。広島大学の前身は広島高師だから、梶山の後輩に当たる。詩作にふける文学青年で、教師になる気はなかった。就職の当てもなく、卒業後すぐに上京した。そのさい、担当教授に挨拶にいったら、「せっぱつまったときに、訪ねてみなさい」と梶山宛に岩川を紹介する一筆入りの名刺を手渡された。

東京では、求人欄を頼りに、大学受験の通信添削、化粧品のセールス、取次店の書籍運搬などで、食いつないだが、数カ月で行き詰まった。郷里に帰ろうと決めたとき、名刺のことを思い出した。未知の梶山にすがる気はなかったが、名刺をおきにいくつもりで、阿佐ケ谷に梶山を訪ねた。もちろん、まだ梶山が無名の時代である。

梶山は岩川の話を聞いて、「詩では食っていけないですよ」といったりしたが、なんとか初対面の後輩の力になってやりたい、という態度を崩さなかった。やがて、「急にお腹が空いてきたなあ。お茶漬けをつくってくれないか」と妻の美那江に頼んだ。梶山は、さも空腹に耐えかねていたかのように、音をたててお茶漬けをかきこんだ。岩川は、その日、朝からなにも食べていなかった――説明するまでもないけれど、梶山は、岩川が腹を空かしていることを見越して、一緒にお茶漬けを食べたのである。岩川は書いている。

《ほっとするやら嬉しいやら、ありがたくて胸がつまった。……私の人生はここから始まった、といまでも思っている》(『積乱雲とともに 梶山季之追悼文集』)

岩川は東京に踏みとどまり、思い出したように梶山を訪ねた。その後、梶山の伝手で、人物往来社の「歴史読本」編集部に定職を得た。仕事はおもしろかったが、宮仕え生活は自分に向いていないと悟って、七カ月で退職した。また、いまでいうフリーターに戻った。そんなとき、梶山から「週刊誌の仕事を手伝ってくれないか」と声がかかった。週刊誌は昼飯代を減らしてまで読んではいたが、どんな仕事をするのか見当がつかなかった。岩川は「あのころは、ジャーナリストなんて、畏れ多い感じがした」と回想している。

中田建夫は貧乏学生時代、阿佐ケ谷に住む友人と、たまたま「ダベル」で飲んだ。トリスが一杯二十五円だったのをおぼえているという。勘定を払う段になって、二百円ほど足りない。マダムに一日の猶予を乞うと、笑って応じてくれた。翌晩、払いにいって、ついでに飲んだら、また足を出した。以来、そのくり返しで、「ダベル」と縁が切れなかった。

その年、三十二年の暮れ、仕事納めの夜に飲んでいたら、二階の住居からマスターが降りてきた。このときが、梶山との初対面だった。「新思潮」の同人で、小説を書いているとは聞いていたが、並の文学青年でないことは、翌年、知ることになった。

三十二年の初秋に、Oが梶山に「防衛庁職員住所録」の海賊版をつくらないか、と話をもちこんできた。防衛費予算に群がる商社、納入メーカーの売り込み合戦は熾烈を極めていた。職員の自宅がわかれば、籠絡するのに都合がいい。梶山は、おもろいやないか、と話にのって、走りだした。借金をして、編集、印刷、発送まで大奮闘した。

翌三十三年秋には、「第一次FX商戦」と称されるグラマン・ロッキード問題が火を噴く。着眼点には先見の明があったのだが、当然のことながら商売感覚に欠けていた。上下二巻、各五百円の住所録を、企業の担当部署に送ったが、ほとんどがナシのツブテで、代金を送ってこなかった。年が明けて、アルバイトを雇い集金にいかせた。中田も狩り出された。集金の成果はゼロに近かった。アルバイト代、交通費で、むしろ赤字がふえたようなものだった。

中田は左翼運動にのめり込んでいたために、その後も定職にはありつけなかった。

梶山は中田に目をつけた理由を「あいつは集金でも簡単にあきらめなかった。あの粘り強さは取材に向いていると思った」といっていた。

大宅壮一流にいえば、岩川は〝文学通り〟で、中田は〝マルクス通り〟で、足を止めていた。あるいは、文学青年崩れ、マルクス・ボーイ崩れの失業者といったほうがわかりやすい。それでなくても、就職難の時代だった。大学の文学部を出ると、教師になる以外はマスコミ関係の入社試験を受けるしかなかった。これが難関だから、試験に落ちた〝マスコミ浪人〟の失業者も多かった。私も、ほとんどそれに近かった。そういう失業者群にとって、相次いで発刊された週刊誌は、失業救済機関のような機能をもっていた。

「人と会うために酒を飲め」

さらに新卒の二名を加え、梶山以下六名のグループが編成された。O以外の四人には、それぞれテーマを与えて取材原稿を書かせる〝採用試験〟も行っている。三月初めに、梶山がグループ全員を率いて、「週刊文春」編集部に初見参した。

上林編集長がちょっと顔を見せ、あとは特集デスクの小林が応対した。梶山は、経験者を五人集めた、と触れこんでいた。のちに岩川が小林に初対面の印象を訊いたら、

「じつをいうと、メンバーを見てびっくりした」といわれた。すっかりお見通しだった。岩川は「だれが見ても、失業者集団だもの」と笑っていた。

編集室からカギ型に曲がった一隅が、グループの居所になったが、当初は電話がなかった。Oが一計を案じた。Oと岩川が留守番をして、あとの三人が外から、ひんぱんに電話をかける。声色をつかって、「朝日新聞の○○だけど、Oさん、いますか」「共同通信の○○だけど……」――そのつど、編集部員が呼びにくる。これはたいへんだ、というわけで、専用の電話が引かれた。

梶山は〝新兵教育〟に取材心得などを教えたりしなかった。そのかわりに、ふたつの実践訓を課した。

ひとつは、取材があってもなくても、一日最低五人の人に会え――話を聞いて、この人は、こういう方面に強いとわかれば、自分だけの取材源をもつことができる。取材源は記者の財産であり、それを得るために、時間と金を惜しんではいけない。

もうひとつは、酒は仲間どうしで飲むな――仲間どうしで飲むと、ついグチまじりの仕事の話になりやすい。ふつうのサラリーマンが集まる居酒屋で飲めば、彼らが、なにを話題にし、どんなふうに考えているかを知るだけでも、勉強になる。

ふたつ合わせれば、人と会うために酒を飲め、といっているようなものだ。梶山自身が、それを実行していた。

梶山は、「週刊明星」の仕事は三月いっぱいで辞めたい、と編集長の本郷に申し出た。当然、本郷は、すぐには承知しなかった。かけもちでやってくれという。「週刊文春」のほうは、企画にも取材にも身を入れるつもりだったから、かけもちはできない相談だった。また、競合する両誌に書くのは、二股膏薬めいて主義に反した。本郷は「なにか不満があるのか。原稿料を倍にしよう」といいだした。梶山は、自分のことを主張するときは、いたって気が小さい。ひたすら「すみません」と頭を下げるしかなかった。

「あさっては皇太子さまのご結婚……」

「週刊文春」創刊号（34年4月20日号）は、皇太子ご成婚を二日後にひかえた四月八日に発売された。新聞の全ページ広告には、「あさっては皇太子さまのご結婚」「きょうは週刊文春の発売日」と謳った。キャッチ・フレーズは「文藝春秋のジェット版」で、コピーにいわく、

《文藝春秋を大きな航空母艦とすれば「週刊文春」は、その甲板からとび立つ超音速のジェット機です》

この宣伝文句は、苦肉の策だったといえないこともない。目次の主立ったところは、こうなっている。

〈特集〉　〝孤独の人〟に最良の日
　　　　週給制実施のすすめ
〈連載小説〉　石川達三『骨肉の倫理』
　　　　五味康祐『反町大膳秘伝書』
〈連載読物〉　曾野綾子『キャンパス110番』
　　　　吉川英治『美しい日本の歴史』
　　　　獅子文六『東京の悪口』
　　　　中谷宇吉郎『ウソで固まった国』
〈特別読物〉　失われた王冠　毛利誠子
　　　　政治家の私生活　岸信介
　　　　皇太子さんに惚れぬいて　神部満之助

ほかにも、石原慎太郎、中野好夫、藤原弘達、臼井吉見、永田雅一などの署名原稿がある。「文藝春秋」の執筆陣が、そっくり移動してきた感を否めない。美智子妃の写真を表紙に配し、週刊誌の体裁はつくっているけれど、中身はジェット機のスピード感とは程遠いできばえだった。編集者は否応なく「週刊新潮」を意識させられたが、真似てはいけないという意識も強かった。行き着くところ、本家ののれんに頼るしかなかった。

発行部数は六十六万八千部。返本一割、実売部数約六十万部は、上々の数字で、創刊号とはいえ、やはり〃ブンシュン・ブランド〃の強みだろう。二号から発行部数は五十万台に落とした。実売部数は伸び悩んだが、これもブランドの強みで、広告収入に助けられ大きな赤字は出さずにすんだ。

創刊号の広告収入は、ご祝儀ぶくみで八百八十五万円あった。二号からは五百万から六百万円を上下したが、この金額は先行の「週刊新潮」に匹敵する。「週刊文春」と同時に創刊された講談社の「週刊現代」は三百万円に達しなかった。

創刊号で梶山グループは「〃孤独の人〃に最良の日」の第一部〈館林ルポ〉を担当した。第二部〈御成婚の周辺〉は編集部の半藤一利が書いた。梶山の没後、半藤は、やや過褒気味に書いている。

《……初めて見参する名代のライターの原稿に、私は愕然とした。マス目いっぱいの文字の大きさもさることながら、足で書かれた事実の重量感に圧倒されたのである。その人柄のように気どりや衒《てら》いは一切なかった。こっちの頭と手だけでものしたルポのひ弱わなへなへなさに、思いきり尻を蹴られたようで痛烈さが骨身にしみた。

社員ライターとしては速筆の方だったが、所詮は日露戦争当時の機関銃クラス。梶山さんはマシンガンだった。……》(『「トップ屋戦士」の記録』)

「日露戦争当時」うんぬんは、いささか謙遜しすぎている。中田建夫に聞いた話だが、そのころ、半藤が梶山に「カジさん、一時間に何枚書くの」と訊いた。梶山が「平均五枚がいいとこかな」と答えたら、半藤は「じゃあ、俺と同じだ」といったそうだ。当初、半藤にかぎらず、ライターの仕事くらい俺たちにもできる、と思っている編集者がすくなくなかった。

「下山事件」を掘り起こす

梶山グループが放った初の長打は、「怪文書『般若苑マダム物語』を追って」(34年5月25日号)といっていいだろう。四月に行われた都知事選挙で、自民党推薦の東龍太郎に対抗して、革新派は有田八郎を立てた。有田は戦前に四度、外相をつとめている。料亭「般若苑」を経営する有田夫人を、〝色と欲〟の権化のように書き立てた怪文書が、選挙戦がはじまる直前に出まわった。その部数は三十万部ともいわれた。すでにマスコミでとりあげられていたが、あらためて梶山グループは、その発行人兼執筆者を追跡した。

〝後追いネタ〟だから、なにか特ダネがほしい。梶山は、警視庁捜査三課も割り出せなかった〝犯人〟を、本気でつかまえようと思った。最後は、あと一歩のところで、時間切れになるのだが、この特集を〝事件記者物語〟に仕立てた。I記者（岩川）、N記者（中田）など、イニシアル付きの記者に加えて、キャップ格の「私」（梶山）も登場させて、六日間の取材のプロセスを再現した。もちろん、署名原稿ではない。

梶山は「週刊文春」では以後、この手法を二度とつかわなかったが、いかにも梶山らしいレポートだった。草柳大蔵のレポートとくらべるのに、格好の材料でもある。草柳も「週刊新潮」で「怪文書・般若苑マダム物語」（4月6日号）を書いているが、怪文書に記された架空の筆者と出版社の正体を洗いだそうとしたプロセスには、いっさい触れていなかった。

草柳が持論とするデータ・ジャーナリズムは、取材のプロセスを問題にしない。夜討ち朝駆けを何度くりかえそうが、話を引き出せなければ、データとしての価値はゼロである。記者の取材活動そのものはデータではないのだから、書く必要はない、ということになる。のちに署名原稿でも、この持論を固守した。

では、梶山流の〝事件記者物語〟は、データが稀薄かといえば、そんなことはない。結局、記者の追跡活動は徒労に終わるのだが、そのプロセスを通して、足跡は残しても、シッポをつかませない。〝犯人〟の正体が浮かんでくる。印刷、配布の費用と手間を考えれば、これは、個人が思いつきで実行できる選挙妨害ではない。対立陣営の巨大な組織力が働いていることを、読者は感じとれる。梶山の狙いも、そこにあったと思われる。

この特集は、部外でも評判がよかった。編集局長の池島信平は梶山グループに金一封を贈った。〝事件記者物語〟のタッチは、文藝春秋の社風にも合っていた。岩川隆は、梶山のストーリーテラーの資質について、こう語っている。

《文春と梶山さんは相性がよかった。あそこは、書く人の発想を非常に尊重するというか、〝おまかせふう〟にやる体質がありますからね。また文春は、ストーリー重視の出版社というか、文芸的な読物を主体にしてきた出版社でしょう。いかにも梶山さん向きなところがある。ですから、たとえば、「週刊新潮」とは合わなかったと思いますね。つまり、うまく料理してみせたり、分析してボチボチやったりするのは、梶山さんは関係ないんですよ》（『「トップ屋戦士」の記録』）

さらに付け加えるなら、梶山には〝一発屋〟の資質があった。選挙妨害の怪文書事件で、警察の捜査が行き届かなかったのは、上層部に政界筋から圧力がかかったのではないか。梶山は、そうにらんで、「いっちょう、やってやろうやないか」と張り切った。そんな〝一発屋〟の資質は「下山事件 十年の謎を追って」(34年7月6日号)でも発揮されている。

二十四年七月六日未明、下山定則・国鉄(現JR)総裁の轢死体が常磐線の綾瀬駅近くの線路わきで発見された。まだ日本は米軍の占領下にあった。GHQ当局は国鉄に十二万人の人員整理を命じた。総評傘下最強の国鉄労組が、大量首切りを呑むはずもない。下山は労働組合との団体交渉に忙殺されていた。その悩みの果てに自殺したという線も考えられた。警視庁は延べ二万人に及ぶ捜査員を動員して、大捜査を展開したが、捜査一課は自殺説をとった。十二月、捜査本部は解散したが、事件の謎が解明されたわけではなかった。

むしろ、いっそう疑惑は深まった。「下山事件」を追うように、七月十五日には「三鷹事件」、八月十七日には「松川事件」が起こっている。三つとも、国鉄がらみの謎の事件だった。じっさい、警視庁の捜査二課と東京地検は〝他殺説〟をとって、捜査をつづけていた。もっとも、当時は占領下の検閲時代だから、他殺説の根拠がマスコミで報道されることもなかった。

　二十七年の講和条約発効後、他殺説は〝謀殺説〟をともなって浮上する。左翼勢力の犯罪に見せかけるために、何者かが下山総裁を謀殺したのではないか。警視庁が公表した〝自殺説〟は、占領軍筋の圧力に屈したのではないか――〝自殺説〟の根拠を裏返すような謀殺の状況証拠が、〝他殺説〟をとる報道機関、ジャーナリストによって日の目を見た。とはいえ、強力な目撃者証言や物証が出てきたわけではない。真相は闇につつまれたまま、事件十周年を迎えた……。

　梶山グループは事件を一から掘り起こした。十二ページに及ぶこのレポートは、質量ともに、それまでの週刊誌レポートでは、「週刊朝日」の「松川事件を究明する」（28年11月29日号）と双璧をなしている。梶山は謀殺説をとった。もちろん、推理の域を出ないのだが、米軍の諜報機関の関与をにおわせている。さらには、その実行犯のひとりとおぼしき人物を指名する。上海の日本軍憲兵隊で特高課長をつとめた男で、戦後は米軍諜報機関の下請けのような仕事をしていた。取材陣は、旧特務機関関係者を当たって、この男の足跡をシラミつぶしに追いかけた。どうやら北九州にいるらしいというところまではわかったが、タイムリミットに涙を呑んだ。

　梶山は、その後も「下山事件」に関心をもちつづけた。後年、梶山もメンバーになった会に、すでに退官していたが、事件当時の警視庁捜査二課長がいた。東京に四十八カ所ある花街を月に一回、順ぐりに巡る会だから、芸者を上げて、にぎやかに飲む。梶山は、警視庁の捜査打ち切りには、ウラがあると思いつづけてきた。相手が酔ったころを見計らって、さりげなく「下山事件」を話題にした……。

「それがあかんのや。〝シモヤマ〟と口に出したとたんに、グラスをおいて、〝失礼、ちょっとトイレへ〟と席を立つんや。手をかえ品をかえ、何度も試したけれど、通じなかった。定年退職しても、官僚は官僚やと思ったね」

原稿料は酒代に消え……

梶山は取材をしない週もあったが、毎日、その日の取材結果を聞いた。取材の指示を出しながら、早くも頭のなかでは、ストーリーを組み立てていた。

五人の取材陣は、データ原稿を梶山のアパートで書いた。そのために、梶山夫妻にとっては初めての風呂付きの部屋を赤坂檜町に借りた。編集部からは、締切用に旅館を借りようかといってきたが、梶山は固辞した。編集部に余分な負担をかけさせたくなかった。

締切日の夕方、取材陣は三三五五、アパートに集まってくる。風呂にはいり、用意されている夕食を食べてから、原稿を書きはじめる。梶山グループの方式で、できるだけ談話を詳しく書いた。梶山は、できあがった分からデータ原稿を読んだが、中身については、ひと言も文句をいわなかった。活字になった最終原稿を読んで、自分が取材したデータが、どのようにつかわれているかを、よくみておけ。そうすれば、どんな取材をすればいいか、自ずとわかる、というのが梶山の記者教育方法だった。岩川隆は毎号、雑誌ができると、自分のデータがつかわれている個所に、赤線を引き引き読んだ。

だいたい、深夜十二時前後にはデータがあがる。梶山は、それをもって、二階の狭い書斎に閉じこもる。ひと仕事終えて、〝兵隊さん〟たちは、当然のごとくに酒を飲みはじめる。お手伝いがいるわけではないし、だれひとり皿洗いを手伝うわけでもない。往時のライターの妻は「私は旅館のおかみさん兼女中さんでしたよ」と笑っている。

夜中に帰る段になって、みんな取材で有り金をつかいはたして、帰りのタクシー代がない。毎週のように、ほぼ全員がおかみから五百円借りた。中田建夫は「僕もそうだけれど、だれかが返しているのをみたことがない」と恐縮している。

「週刊文春」から梶山がもらう一月分の原稿料は、稀に二十万円を超えたが、平均十

三、四万円といったところだろう。大卒サラリーマンの初任給が一万二千円程度の時代だから、相当な高額所得者だが、それが生活費にまわることはなかった。

大半は飲み代で消えた。取材源にしようなどと思うまでもなく、だれとも気軽に飲んだ。当面、取材している事件や人物のウラ情報を集めるために、関係者を酒場に連れ出すときもある。夜に取材の打ち合わせをするとなれば、グループ全員で飲むことになる。直接、仕事に関係のある出費でも、それを編集部に請求することは、ハナから考えていない。仕事があってもなくても、どうせ飲むのだから同じだ、と妙な割り切り方をした。

週に一晩とはいえ、大の男が五人で飲み食いする出費もバカにならない。おまけに、帰りのタクシー代までもたせている。また、梶山は自費で主要な週刊誌、月刊誌を購入し、グループのデスク脇に即席の資料室をつくった。それを整理する女性アルバイトもポケットマネーで雇った。結局、梶山夫婦の生活費は、中学生雑誌とラジオドラマの原稿料でまかなった。

金の話ついでにいえば、草柳大蔵も金にはきれいだった。打ち合わせにかこつけて、編集者に酒代を払わせるようなことを極端に嫌った。律儀なほどライターと編集者のあいだに、一線を画した。私の「女性自身」時代、草柳グループの取材記者が、プラン探しの交通費を請求するのをみて、草柳は、きびしくたしなめた。編集者はプランを探すのが仕事である。そのために、いくら費用を会社に請求してもかまわない。しかし、ライターの仕事は、編集部が決めたテーマを取材して、原稿を書くことにある。プランを探すのは、仕事以前のライター心得のひとつにすぎない。仕事ではないのだから、費用を請求してはいけない——。

駆け出し編集者の私にとって、目から鱗が落ちるような、明快な論理だった。そのいっぽうで、俺たちは金を遣ってもいいんだ、と身勝手なことを考えたりもした。

「文春の牧歌時代は終わった」

創刊二カ月後の六月から、梶山が声をかけて、村島健一が客員の形で梶山グループに参加した。村島も「新思潮」の同人だったが、同人の三浦朱門によれば、「金も作品も出さないのに口だけ出した」という。毎日新聞の社会部記者で、技巧を凝らした文章をものした。たまたまアルバイトに書いた小説が、警視庁の風俗課ににらまれた。発禁になったわけではなく、辞める必要はなかったのだが、村島にはサムライ気質があった。主家に迷惑をかけてはいけない、と潔く辞表を出し、四月からフリーの身になっていた。

村島は「週刊文春」で〝遊軍ライター〟のような働きをした。梶山グループの取材記者とも、編集部員とも組んでアンカー原稿を書いた。梶山は配下の面々に「文章の勉強をするなら、俺の書いたものはどうでもいいから、ムラさんの文章をよく読んでおけ」といいわたした。

昭和三十七年、二十三歳の堀江謙一が太平洋単独ヨット横断に成功した。文藝春秋は航海日誌の出版権を獲得して、執筆を村島に頼んだ。いかにも完璧主義者らしく、村島は安直な談話取材をしなかった。三週間、伊豆のホテルでヨット青年と起居をともにした。日常の発想、感情のぶれ、挙措動作まで知らなければ、本物の手記は書けない、という理由による。堀江謙一著『太平洋ひとりぼっち』は、ベストセラーになっただけではない。他に類を見ないゴーストライター本の傑作を世に残した。

梶山はグループの取材陣に、つねづね「俺たちは社員の編集者ができないことをやるんだ」といっていた。岩川は週刊誌ライター生活をつづけながら、つねに、この言葉をモットーにしたという。

しかし、これは難問でもあった。編集部員も深夜の張り込みをするし、朝駆けもする。「週刊文春」の場合は、半藤一利のような書き手もいる。仕事の内容も、誌面に現れた結果も、編集部員と梶山グループと、さして変わるところがなかった。

梶山は、自分たちは恩義を受けた文春一家の旗揚げに駆けつけた、〝助っ人〟だと思っていた。求められるまでもなく、最前線の斬り込み隊の役を買って出る覚悟はできていた。腕は未熟な集団だが、どんな取材にも音を上げない粘り強さだけが取柄だと思った。だから、ふつうは尻込みしたくなる、手間ひまかかるテーマを歓迎した。

その甲斐あってか、徐々にではあるが、存在感を高めていったようだ。いつしか、編集部内で梶山グループは「梶山部隊」と呼ばれるようになった。おそらく、つねに危険な戦場におもむく「外人部隊」のイメージが重なっていたにちがいない。

たしかに、取材力はついてきたのだが、まだ「週刊新潮」と対抗するには程遠かった。早い話が、特集のパンチ力に差があった。部数も伸び悩んでいた。デスクの小林米紀と梶山は、名誉毀損覚悟で強いネタをぶつけようと策したが、後発の哀しさで、ネタ元が薄かった。また、スキャンダリズムを敬遠したがる文藝春秋の社風も、足を引っ張ったきらいがある。「週刊文春」がスキャンダル路線を前面に打ち出すのは、昭和五十年以降のことである。

しかし、社自体が、のんびりかまえていたわけではない。「週刊文春」の発刊で、大正十二年の「文藝春秋」創刊以来、いやおうなく初めて弱肉強食の競争社会に踏み込んだ。雑誌の赤字を心配したことがない首脳陣は、毎週の返本率に一喜一憂した。

社内の雰囲気も変わった。締切の夜は、めったにつかわれなかった社長室隣接の会議室が、徹夜の仕事場に変じた。それまでは、徹夜で仕事をしたりすれば、よほどの変わり者と思われた。社内で週刊誌の編集室だけは毎日、昼すぎまで閑散としていた。十時すぎには出社する編集長の上林が、独りぽつねんとデスクに座り、女性の事務職員が、鳴りっぱなしの電話の応接に追われた。

その年、熱海で開かれた恒例の社員忘年会の挨拶で、池島信平は「文春の牧歌時代は終わった」と有名な台詞を残した。年が明けても、部数の足踏みはつづいた。梶山は「週刊誌らしい格好がつくまでに、やっぱり一年はかかったんじゃないかな」といっていた。

サラリーマン読者と「週刊現代」

「週刊現代」は「週刊文春」より一足早く、三十四年三月三十日に創刊された(4月12日号)。バスに乗り遅れるなとばかり、大講談社が威信をかけて発刊に踏み切ったようだが、拙速の感を否めない。編集長には「鬼」の異名をもつ「群像」編集長の大久保房男が就任したが、「週刊誌の鬼」には化けられなかった。

連載小説は石坂洋次郎、川口松太郎、柴田錬三郎、吉行淳之介と並べて、さすがと思わせる。「第三の新人」吉行の週刊誌初登場に、大久保色を感じさせるけれど、特集までは手がまわらなかった。乏しいデータを引き延ばした、ヘタなエッセイもどきの特集で、お茶を濁している。新人作家をしごいた大久保も、勝手がちがって、ライターをしごくことができなかったらしい。もともと週刊誌向きの編集者ではなかったというべきかもしれない。

「週刊現代」創刊の二週間前に、「週刊少年マガジン」が世に出ている（3月26日号）。四十年代に、『巨人の星』（梶原一騎作、川崎のぼる画　41年5月～）、『あしたのジョー』（高森朝雄作、ちばてつや画　43年1月～）で、百万雑誌の地位を不動にした、この〝日本初の少年週刊誌〟も、当初は大苦戦した。発行部数は創刊時の二十万部から十四、五万部まで落ちた。

編集長の牧野武朗は暗中模索のすえに、子どもたちに潜在するブームに目をつけた。まず「西部劇けん銃・ライフル特集号」（36年8月13日号）がヒットした。「新百科事典　ガンのすべて」「ライフル・けん銃図鑑」「特集物語　魔銃か？名銃か？」と並べた特集は、人気を博したばかりか、「ガン・ブーム」の引き金を引いた。さらに「古切手コレクション特集」が大当たりをとった。切手収集のノウハウを伝授し、「切手プレゼント」の窓口をつくった（37年5月20日号）。業者から安く仕入れた切手を送料と手数料だけで、読者に販売する。反響は凄まじく、三十万通の申し込みが殺到し、金額は一千万円を超えた。この企画に端を発して、「切手ブーム」が到来した。

そのいっぽうで、従来のギャグ漫画をストーリー漫画に移行させていった。やがて『巨人の星』『あしたのジョー』を生み出し、こんどは「劇画ブーム」に先鞭をつけた。

三十九年十月、牧野は「週刊現代」編集長に転出する。子どもに切手収集の利殖法を教えた編集者である。サラリーマン読者に得をしたと思わせるには、どうしたらいいか——牧野の〝実益路線〟は「週刊現代」の部数を急上昇させることになる。

雑誌は消えても、ライターは残った

この年、三十四年には、ほかにも「朝日ジャーナル」(3月15日号)、「週刊平凡」(5月14日号)、「漫画サンデー」(8月25日号)、「週刊コウロン」(11月3日号)など二十誌が創刊された。いわゆる「週刊誌ブーム」である。

なかには、さしたる準備期間もなく、一発勝負をかけた小出版社がすくなくなかった。そんな週刊誌は、どこも安直に仕事を頼めるライターを物色した。戦国時代にふさわしく、仕官目当ての浪人は多かったが、ほとんどが売り込みの口上ほどには腕が立たなかった。そこを当て込んで、編集プロダクションが登場する。

その最大手に「青柳取材プロダクション」がある。「週刊実話」に皇太子婚約のスクープ記事を書いた千家紀彦は、青柳淳郎のペンネームで週刊誌の注文をこなしていたが、三十四年七月に、プロダクションを旗揚げした。失業中の元新聞記者、元編集者に声をかけ、学生アルバイトも雇った。最盛時には、三十名近い取材記者を擁し、青柳は一週間に十二、三誌の特集を請け負ったこともある。当時、草柳や梶山も、トップ記事を書くので、「トップ屋」と称されたが、本当の意味での「トップ屋」は、青柳しかいなかった。

週に十二、三本も書けば、粗製濫造は目に見えている。青柳プロの名前は週刊誌業界に広く知られたが、注文は減ることはあっても、ふえることはなかった。急場しのぎに、青柳プロに仕事を発注した週刊誌も、やがて自前のライターをもつようになった。事情は、ほかのプロダクションも同じだった。

しかし、エロ・グロを売りものにするだけの週刊誌は、もっと安直に記事をつくった。編集者が「これで頼むよ」といって、ライターに新聞の切り抜きを渡す。たいていは、OL（当時はBG）が帰宅途中の路上で痴漢に襲われた、といった類のベタ記事で、そこが狙い目だった。この程度の事件なら、新聞に詳細な続報も出ないし、他誌も取り上げないことを見越している。

ライターは写真を撮りがてら現場を見にいく。あとは中央気象台に電話して、当夜は月が出ていたかどうかを、たしかめるくらいで、二ページのニューストーリーを書き上げる。どうせ被害者のOLは仮名だから、襲われた場面をどのように脚色しようが、クレームはつかない。警察の談話もデッチ上げる……。

この手の週刊誌は、ブームの徒花のように消えていったが、編集者やライターは根強く生き残った。その〝腕〟を買われて、新たに発刊される同種の週刊誌で食い扶持にありついた。

第七章

ビジュアル誌の先駆け

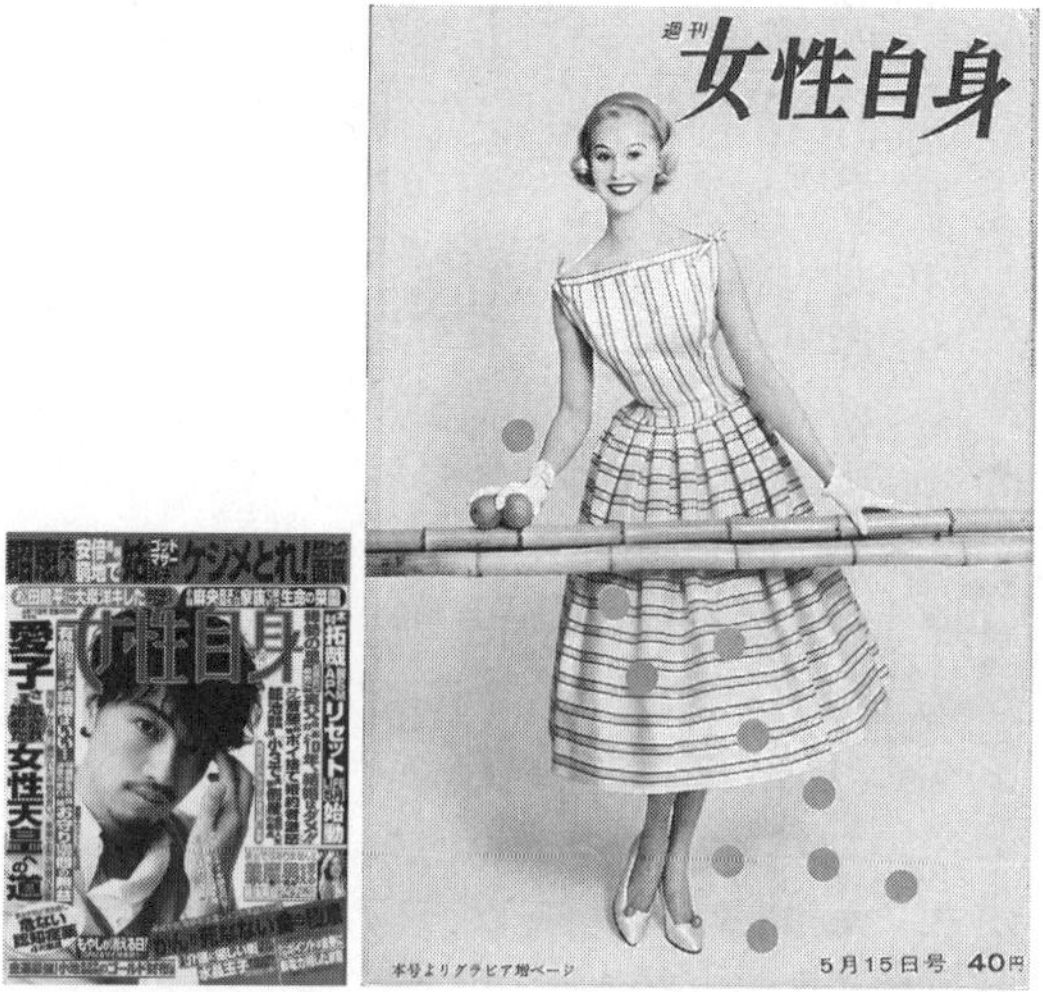

斬新な表紙で読者を惹きつけた「女性自身」（左は現在）

ミッチー・ブームの蚊帳の外だった「女性自身」創刊号

にわかに巻き起こった〝ミッチー・ブーム〟で、週刊誌界も活況を呈した。新聞社系、出版社系を問わず、週刊誌はよく売れた。

ところが、蚊帳の外におかれた週刊誌が一誌だけあった。世紀の婚約発表の三日後、昭和三十三年十二月一日に発売された「女性自身」創刊号（12月12日号）である。この週刊誌には、「正田美智子」の名前はおろか、皇室関連の記事が一行も見当たらなかった。

発売のタイミングがわるすぎた。創刊号は発売日の一週間前にはできあがっていた。編集段階で、皇太子妃決定が煮詰まっていることはわかっていても、動きようがなかった。それ以前に、編集部そのものに、皇室関連の情報を集める能力がなかった。

編集長の黒崎勇は腹をくくった。公式発表があっても、婚約報道をしない週刊誌がひとつくらいあってもいいのではないか。そんなヘソ曲がりの雑誌なら、かえって注目度は高いのではないか、と都合のいい予測もした。

結果は惨憺たるものだった。発行部数四十四万八千部。返本率五五パーセント。実売部数二十万部。版元の光文社は、「カッパ・ブックス」のベストセラー出版社として知られていた。また、子ども雑誌でも、「少女」がよく売れていたし、「少年」も手塚治虫『鉄腕アトム』が人気を博していた。このくらい世間に名が通っている出版社が週刊誌を出せば、通常、創刊号は、まずまずの売れ行きを見せる。それが「女性自身」にかぎっては、惨敗を喫した。

黒崎は「私の天の邪鬼がいけなかった」と敗因を認めている。第二号からは一転して、〝菊印〟路線を打ち出した。特集には「学習院に才媛はいなかった？　柔順と犠牲の名門聖心女子大の隠された断面」と「北白川肇子さんの恋」の二本を並べた。北白川肇子は、お妃候補の本命と目されたこともある。前者は草柳大蔵が書いた。後者のアンカーは五島勉だった。五島は〝若者向け人生雑誌〟といわれた月刊誌「知性」（32年9月休刊）などに、署名のルポルタージュを発表して、当時は、草柳や梶山よりも、業界では名を知られていた。後年、『ノストラダムスの大予言』（48年　祥伝社）がミリオンセラーになって一躍、文名を高めた。

年末発売の第四号（1月2日号）は「清宮さまの夫君はこの人！」――ネタ元は皇太子の〝ご学友〟で、皇太子をモデルにした小説『孤独の人』の作者、藤島泰輔だった。草柳が同じノンフィクションクラブ会員の藤島に先行取材を頼んであった。藤島は某財閥の御曹司を指名して、太鼓判を押したが、みごとに外れた。

しかし、黒崎は草柳グループ担当の特集に〝菊印〟路線を強要することはなかった。創刊前から、女性読者の関心が「読む雑誌」から「見る雑誌」に移りつつあると感じていた。〝菊印〟路線の主役であるヒロインの素顔を伝えるには、活字の特集よりグラビアのほうがインパクトは強いと判断した。

年が明けて、麴町の宮内庁分室で、民間人の婚約者に皇后学を伝授するご進講がはじまった。「女性自身」のカメラマンは、欠かさず正田邸前と分室近くの路上で待ち伏せた。三カ月のご進講が終わるころには、世紀のヒロインは顔馴染みの女性カメラマンに会釈を返すこともあった。

ヒロインは和服のときもあるし、毎回、服装が変わった。高度成長はまだ先の話で、当時のOLはファッションに関心があっても、服装に金をかける余裕がなかった。「美智子さま」が着ているものは、読者からみれば、高級ファッションそのものだった。センスもよかった。〝待ち伏せ写真〟のカラーグラビアは、得がたいファッションページの効用をもたらした。

「御成婚記念特集号」(4月17日号)では、ご進講の行き帰りに撮った最新の写真を

「プリンセスモード」と題して折り込みページに並べた。それを眺めた朝日新聞写真部長の吉岡専造は「各社いろいろやっているけれど、これにはかなわない」と嘆じたそうだ。

ご成婚後もプリンセスを執拗に追いかけた。皇太子夫妻の公式行事には、かならずカメラマンを張り込ませた。皇室の取材は宮内庁が取り仕切り、宮内庁記者クラブ加盟の新聞・テレビしか取材できなかったが、そんなものは意に介さなかった。しばしば物議をかもしたが、懲りずに撮りまくった。あれは「女性自身」ではなく「皇室自身」だ、という声も聞かれた。

三十五年二月、浩宮が誕生する。皇太子一家の写真は宮内庁公認のものしか手にはいらなかった。満一歳の誕生日が近づいたころ、〝菊印〟担当班は、浩宮の侍医が写真好きで、東宮御所内で撮ったフィルムを街の写真店に出している、という情報を仕入れた。取材記者は、その写真店を探り出した。アルバイトの従業員を買収できそうだという。客の現像済みのフィルムをもち出させるのだから、刑事問題になりかねない。デスクは黒崎に相談した。黒崎は「問題が起きたら、俺が責任をとる」とゴーサインを出した。黒崎が好んでつかった言葉に「愚直なまでに」というのがある。この決断は、まさに「愚直」の一語につきる。

三十六年二月二十八日号の「特集グラフ　おめでとう！　満一才」は、入手方法はともあれ、掛け値なしのスクープ写真だった。東宮御所の庭で、黒のスラックス、白のセーターにフードをかぶった美智子妃が浩宮を自転車に乗せている。〝正田のオバアちゃま〟に抱かれて、浩宮が眠っている――あとにも先にも、これだけくだけた皇室のスナップ写真が、世に出たことはない。雑誌の売れ行きも凄まじかった。発行部数七十万部、返本率三パーセント。破損したヤレ本以外は、ほぼ完売した。

当然、宮内庁からクレームがついたが、意外にあっさりケリがついた。黒崎が出頭したが、写真の売り込みがあったととぼけた。宮内庁側も、写真の出どころはわかっていたはずだが、深くは追及してこなかった。事を表沙汰にする気はなかったらしい。ヘタをすれば、宮内庁担当部署の管理責任を問われる。黒崎は平身低頭して、「これで全部です」と持参した紙焼きを相手の面前で破棄した。じつは、めぼしい写真は焼き増しして残してあったのだが、さすがに二度と日の目をみることはなかった。

黒崎は皇室崇拝論者ではなかった。戦時中、中国で軍隊生活を送っていたころ、某夜、酔った勢いで皇室を揶揄する台詞を口走り、それが憲兵隊の耳にはいった。逮捕されかかったが、上官のとりなしで危うく難を免れたという。

美智子妃を撮りつづけたのは、「これはいける」という編集者の感覚以外のなにものでもなかった。より端的にいえば、これは売れる、と思った。なぜ、こんなにつづけたのか――著書『皆がNO《ノー》ならやってみろ』で、即物・直感主義の黒崎にしては、めずらしく理屈っぽい文章を書いている。

日本人の心情にかなう共通概念には、「愛、求道、哀れ」の三つがある。黒崎によれば、美智子妃は、これにぴたりとあてはまるという。情愛に満ちた家庭に育ち、とりわけ母親との情愛には、厳しさと優しさが共存している。また、夫・皇太子をひたすら求道的にまで信頼した。婚約記者会見のさいに語った「皇太子さまを、ご信頼申しあげております」のひと言は、大衆の共感を呼んだ。さらに――

《皇室の一員となって、さぞ大変なご苦労をなさるであろうと、国民の間におかわいそうという同情の輪が広がっていた。くわえて容姿、品《ひん》、言語などに見る精神的姿勢が凜《りん》としていた。（中略）

これが、われわれマスコミの立場から言うと、継続するニュースの主人公でありつづけたわけであり、これからもありつづけることであろう》

愛、求道はともかく、「哀れ」を感じとったのが、黒崎独特の感性といっていい。いわれてみると、戦後の芸能・スポーツ界が生んだ大スター、美空ひばりにも、石原裕次郎にも、長嶋茂雄にも、この「哀れ」が欠けている。美智子妃は「哀れ」があればこそ毎週、追っかけるニュースの主人公たりえた。それを理屈ではなく、黒崎の好きな言葉をつかえば、「皮膚感覚」でとらえた。

ブームの追い風もあって、〝菊印〟路線は確実に成果を上げた。創刊号の惨敗で、第二号は発行部数を二十四万部に落としたが毎号、実売部数は一万部ずつふえていった。創刊時に用意した八千万円の軍資金が尽きかけた五月末からは毎号、確実に黒字を計上するようになった。

誌名、定価、表紙――創刊時の三つの決断

週刊誌発刊が三十三年四月に正式決定してから、黒崎は三つの決断をした。

ひとつは誌名。毎週発売されるのに、わざわざ「週刊」をつけるのは意味がないと思った。最初は「美しい人」に決まりかかったが、不美人が反発するのではないかという意見が出て、決めかねていた。ある朝、手洗いで読売新聞を広げたら、コラムの「女性自身のもの、それは個性である」という一文が目にはいった。咄嗟に「これだ!」と閃いた。そのときは、「女性自身のもの」でいくつもりだったが、不都合な面があることに気がついた。なにか、妙な連想をさせかねないし、現実問題として、編集者が電話をかけるとき、「『女性自身のもの』のものですが」というのもおかしい。

結局、「もの」を外して、「女性自身」に決めた。

社内では、そんなひとを食った誌名では売れるわけがない、と猛反発をくったが、黒崎は押し切った。社外の評判もわるかった。ただひとり石原慎太郎だけは、黒崎が誌名を「女性自身」に決めたといったら、「いいじゃないですか」と賛成してくれた。創刊号で惨敗を喫すると、広告代理店の最大手・電通では、それ見たことか、といわんばかりの声が大勢を占めたが、小谷正一（当時、電通顧問）だけは、「こんな常識外れの誌名をつけるのは、よほどヘソ曲がりの頑固者だろうから、このまま引き下がるとは思えん」と予言した。じっさい、そのとおりになった。

つぎは定価。週刊誌は例外なく三十円だった。ザラ紙の活版主体で、読み捨てなら、三十円が限度と思われていた。黒崎は、女性読者が相手だから、保存に値する雑誌があってもいいのではないかと考えた。四色刷りのグラビア、オフセットをふやして、〝ゴージャスなビジュアル誌〟にする。当時、〝ゴージャス〟という言葉が流行りはじめて、若い女性は憧れを感じていた。当然、コストがかかるから、定価も四十円にしなければ採算がとれない。黒崎は「定価の問題が創刊最大の賭けだった」といっている。

読者層の主力には、十八歳から二十六、七歳までの独身ＯＬ（当時はＢＧ）を設定した。ここまではっきり読者層を設定した雑誌は、「女性自身」が初めてだった。問題はOLの懐具合だが、読者層に期待した高卒OLは、平のサラリーマン同様、安月給に甘んじていた。倹約が女性の美徳として称揚された時代でもあった。新聞の一部売り、国電（現JR）の最低料金が十円。あんパン、ジャムパンが十二円。都電十三円。東京の銭湯が十六円——お洒落代もままならないOLが、定価四十円の週刊誌に財布の紐をゆるめないことは、充分に予想された。

「四十円週刊誌」の反応を調査会社が調べたデータはあったが、黒崎にいわせれば、統計数字は潜在意識まで教えてくれない。もっと生の声を聞きたかった。決め手は、黒崎の信頼篤い部下が二日間、東海道線の車中で行った対面調査だった。やがて読者になるだろうと想定できる女性乗客に、かたっぱしから「定価四十円」の反応を訊いてまわった。結果は「なんとか、いけそうです」。「そのM君の一言で、自分でもじれったく思っていた懐疑心を、自ら強引に振り切って決断した。最後の最後はカンであった」と書いている（黒崎勇・前掲書）。

もうひとつは表紙。それまでは、雑誌の表紙に登場する女性といえば、写真であれ、絵であれ、日本人にかぎられていた。黒崎は、ゴージャスな雰囲気を出すには、日本の女性の写真では物足りなさを感じた。そんなとき、海外版権の代理店がファッション用に売り込んできた、アメリカの「セブンティーン」誌の写真が目にとまった。これはいける、と黒崎の皮膚感覚が反応した。

なにより斬新さがあると思った。外国人女性の写真を表紙につかったのは、映画雑誌くらいで、一般の女性誌にはなかった。駅の売店や書店に並べられたとき、それだけで目を惹く。さらに黒崎は意識して、モデルをロングで撮った写真を選んだ。表紙の写真はアップと相場が決まっていた。ロングの全身像なら、ファッションを見る楽しみが加わる。

創刊号の表紙見本ができると、すこぶる評判がよかった。樹木のグリーンをバックに、スタイルのいい外国人モデルが、すっくと立っている絵柄は、まだ貧乏国であった日本の若い女性が見れば、ゴージャスなだけでなくエレガントでさえあった。OLが小脇にかかえて街を歩けば、〝動くアクセサリー〟の効用がある、とも評された。私は雑誌編集のイロハも知らずにアルバイトにいって、初めてこの表紙を見たとき、すなおに、いい表紙だな、と思ったものだ。

表紙のできばえは、センスのよさを証明したようなものだが、当の黒崎にすれば、センスなど、どうでもよかった。自分が野暮であることを百も承知していた。早い話が、最近のファッションがどうの、と関心をもったことはいちどもない。だから、自分のセンスの押し売りをしなかった。どんな表紙なら読者に受けるか——それがわかるのは読者しかいない、という考えに徹していた。二点の写真のどちらを選ぶべきかというとき、黒崎には確固たる持論があった。
「私にもわからない。読者の感想を聞いて、十人のうち八人が選んだものなら、無条件で、それに決める」

読者調査は都会と農村

黒崎は昭和二十三年、二十八歳で「少女」の創刊編集長を命じられた。そのころから、読者調査を編集の大方針にした。

読者調査の場所に、都会と農村の接点を選んだ。大宮市近郊の村に伝手があったので、毎日曜日、小学校上級生の女の子を十人ほど集めてもらった。正月三が日だけは休んだが毎週、通って子どもたちの話を聞いた。連載小説の第一回ができると、朗読して反応をたしかめた。ふだんでも、編集のカンがずれてきたと感じたときは、社の近くの小学校校庭で、生徒たちの会話を盗み聞きした。その話題から、あるいは、子どもたちが好んでつかう言葉ひとつから、プランのヒントが生まれることもあった。

また、読者調査によって、おとなが考える以上に、子どもたちが〝おとならしさ〟

を内蔵していることを知ったという。従来の少女小説は、それを無視して、勝手に子どもの身丈に合った枠をつくり、清らかな抒情を詰め合わせているにすぎない。ライバル誌は連載小説を四本、載せていたが、黒崎は一本に絞り、井上靖、藤沢桓夫、藤原審爾、田中澄江など、おとなの小説を書く作家に頼んだ。

ほかに一本、「ほんとうにあった話」を毎号、読み切りで載せた。たとえば、昭和二十六年四月の桜木町事件——京浜東北線の電車が火災を起こして、乗客百六人が焼死した。黒崎は小糸のぶを起用して、車内の焦熱地獄をノンフィクション・ノベル風に書いてもらった。女の子が「お母さん、熱いよお！」と泣き叫ぶ描写もあった。「ものすごい反響だった」と黒崎は自慢げにいっていた。

そのいっぽうで、よく小学五、六年生の女の子たちを連れて、映画を観にいった。まだ、子どもたちが腹を空かし、古着を仕立て直した洋服を着ていた時代である。編集長自身が春夏秋冬、一着のスーツで通した。映画を観たあとで、子どもたちは、ストーリーそっちのけで、映画に出てきた食べものの話に熱中する。着物の話になると、うっとりした顔になる。とくに振り袖には憧れを抱いている。漫画家の倉金章介とそんな話をしているうちに、人気連載漫画『あんみつ姫』の構想が生まれた。

「少女」は創刊後三年足らずで、発行部数は六十万部に達した。当時、書店から毎号、追加注文がくる雑誌が三つあった。「平凡」と「リーダーズ・ダイジェスト」と「少女」だった。

「女性自身」創刊後は毎号、発売日に黒崎は朝から山手線めぐりをした。主だった駅で下車して、キヨスクの従業員に売れ行きを訊く。記事の反響までわかるはずもないのだが、出足がわかれば、手応えを感じるという。たまたま車中に「女性自身」を読む女性と出会えば、どのページを読んでいるか、さりげなくのぞく。「それだけでも得るものがある」といっていた。

グラビア担当者は読者調査を日課にした。何枚か写真をもって、社に近い池袋のデパートに出かけて、OL風の女性に〝投票〟してもらう。投票数も報告して、この写真を選んだといえば、黒崎はOKを出した。編集長の方針に忠実な部員は、何人かの読者と会食して、最近号の感想を聞き、レポートを提出した。黒崎は、その種の調査にかかる費用を惜しまなかった。それが高じて、点数稼ぎのために読者調査をする風潮まで生まれた。ことあるごとに、「読者が、読者が」という編集者は、編集長のおぼえめでたかった。

読者調査は、〝黒崎教〟の信者になれるかどうかの踏み絵みたいなものだった。私は、ついに信者にはなれなかった。十人やそこいらの読者に写真を選ばせるのは、編集者の気休めにすぎない。編集長のOKをとる方便にすぎない、とも思った。レポートにしても、編集長が読むとなれば、自分をいい子にしたがる。そんなもので、本当の読者の声が伝わるのか——思っていることは当然、態度に出るから、私は、ずっと反抗分子のひとりに数えられていた。

もっとも、黒崎にいわせれば、読者調査は、ただ感想、意見を聞けばよい、というものではなかった。なぜ、そういったのか、瞬時に相手の表情を観察し、カンまで働かせて推測しなければならない。それができる編集者が、〝黒崎教〟の幹部候補生ということになる。だから、黒崎は、読者調査の報告を聞きながら、後継者を物色していたふしがある。ちなみに、創刊翌々年に入社した児玉隆也（のちにノンフィクション・ライター）は、黒崎のテストを、たぶん最高点でパスした編集者だろう。

広告増収を生み出した〝デラックス化〟

当然のことながら、美智子妃のグラビアは、つねに読者調査で好評だった。毎週つづけようが、もう飽きたという声は聞かれなかった。外国人モデルの表紙も、高い点数をとった。

結局、黒崎が目ざした〝ゴージャスなビジュアル誌〟は、表紙と美智子妃が推進したといっていい。たしかに、美智子妃には黒崎のいう「哀れ」があったかもしれないが、ＯＬの読者は、それ以前に、上流階級の得もいわれぬ雰囲気を感じとった。手取り一万円にも満たないＯＬからみれば、ゴージャスそのもので、憧れの世界だった。表紙についても、同じことがいえる。モデルの容姿、スタイルに加えて、最新ファッションの服装は、読者の生活感覚とはかけ離れた別世界のものだった。このふたつが連動して、従来の女性誌にはない吸引力を生み出した。

表紙と美智子妃だけで、売れたわけではないけれど、雑誌に力がつくまで、表紙と美智子妃で時間を稼いだことはまちがいない。雑誌が黒字に転じたころには、ファッション、料理、住宅、旅などのカラーページも充実した。発行部数は右肩上がりをつづけていたので、広告収入もふえてきた。

「女性自身」は読者層を独身ＯＬに設定した。服飾、化粧品業界はもとより家電業界も、きたるべき消費社会を見越して、消費者予備軍のＯＬに目を向けはじめていた。「女性自身」はカラーページが多く、豪華なムードがあるので、スポンサーの企業イメージを損ねることもない。ひと言でいえば、広告のはいりやすい雑誌だった。

広告の増収で、ソロバンを弾く首脳陣はにんまりしたが、それも束の間、黒崎はカラーグラビアの増ページを断行した。広告の増収は部数増、つまり読者のおかげだ。

その儲けは読者に還元すべきだ、と主張して首脳陣の反対を押し切った。当時、編集部内では〝デラックス化〟と呼んでいたが、以後も「女性自身」は広告の増収→デラックス化の路線を走りつづける。カラーページ重視の編集方針は、後続の女性週刊誌も踏襲した。昭和五十年代には、活版ページ抜きの純正ビジュアル誌が輩出するが、黒崎は、その先鞭をつけたといっていいだろう。

仮に、カラー広告一ページの増収があっても、二ページふやせば利益は出ない。もともと黒崎は数字が苦手で、原価計算表に見入るようなことはなかった。ごく大ざっぱに利益を考えた。部数が伸びれば、広告料を値上げできる。製作コストが販売収入を上まわっても、広告収入で利益を出せばいいという、アメリカ流の雑誌経営が頭のなかにあった。じっさい、「女性自身」は製作コストが販売収入を上まわる本邦初の週刊誌になった。四十年代のことだが、業務担当役員が「女性自身」の収支をボヤき気味にいっていた。

「発行部数八十五万、入広が四千万円あって、返本一割五分なら超優良雑誌だけれど、それで、いくら儲かると思う？　たったの七百万円だぞ。こんな雑誌、聞いたこともない」

しかし、黒崎にいわせれば、「たったの七百万円」ではない。編集の力で部数を伸ばし、広告収入もふえた。おかげで、「七百万円も」儲かっているではないか。返本が一割を切る週だってある。年間五十週の利益を考えてくれ、ということになる。

準デスクだった種村季弘

「女性自身」の成功は、〝ゴージャス〟に憧れる若いOLの心理をとらえたことにある。草柳グループの特集は、その一翼をになったとはいいかねるが、特集の存在価値が薄れたわけではなかった。

黒崎は準備段階から、男性週刊誌のような、トップ記事で売る雑誌をつくるつもりはなかった。いや、女性週刊誌はトップ記事では売れない、というのが本音だったろう。しかもなお、草柳に依頼したのは、黒崎流の計算があった。

雑誌は通俗に徹すべし、というのが黒崎の方針だったが、通俗が低俗、卑俗と紙一重の綱渡りであることも承知していた。その一線を守るのが〝社会性〟であるとは漠然と考えたが、黒崎の編集感覚には、「ジャーナリズムの社会的責任」などというテーマがはいる余地がなかった。背伸びはせずに、〝社会性〟という砦は、草柳の特集に任せようという気になった。

草柳に会って、多くを語る必要はなかった。草柳がプロのライターであり、女性週刊誌のベースを踏み外して、〝社会性〟を大上段に振りかぶったりはしないだろうということは、編集者の直感でわかった。草柳も特集班の存在価値を誇大に売り込んだりしなかった。むしろ、ルッキング・マガジンの時代がくることを予測して、「女性自身」も、その方向に進むべきだ、と進言した。黒崎は草柳に全幅の信頼をおいた。

最大の売りものでなくても、やはり巻頭のトップ記事が占める比重は大きい。黒崎は草柳の特集のおかげで、活版ページの〝顔〟ができたと思った。「ほっとしたよ」ともいっていた。特集もふくめて、すべてが手探り状態だったのである。

創刊が決まって、九月の入社試験で、週刊誌要員を採用したが、週刊誌の経験者は、ひとりもいなかった。なまじの経験者より、素人のほうが自由な発想ができる、というのが黒崎の意向でもあった。社員の推薦で新聞・雑誌経験者を数名、補充していたが、週刊誌の即戦力というわけにはいかなかった。

推薦入社のひとりに種村季弘（のちに文芸評論家、ドイツ文学者）がいた。東大新聞にいただけの経験者だったが、ＯＬの動向を先取りしたようなプランを出して、黒崎に耳を傾けさせたりもした。特集班の準デスク格で、創刊後は毎週、草柳グループといっしょにデータ原稿を書いた。私は特集班で種村と机を並べていたが、もとをただせば、種村からアルバイトにきてくれと頼まれたのが、この道にはいるはじまりだった。封筒の宛名書きでもするのかと思っていたら、翌日から取材の雑用で走りまわった。

草柳は種村の取材力、筆力ともに認めていたが、種村にすれば、なんで俺が草柳のデータ原稿を書かなきゃならないのか、という思いもあった。それに、もともと種村には、出版社勤めで一生、飯を食おうという気がなかった。二日も連絡がないので、病気なのかとアパートへようすを見にいったら、カフカの翻訳をしていた。

三十五年の夏に、種村は肝臓をわるくして入院した。職場もカッパ・ノベルス編集部に移った。新宿の酒場で梶山季之と知り合い、それがきっかけで、梶山のデビュー作『黒の試走車』が誕生する。梶山は終生「タネさんに出会ったのが大きかった」といっていた。当の種村は、原稿ができるのを待たずに退社した。

児玉隆也の企画力

寄せ集めの素人編集部が正式に発足したのが三十三年十月。社内では翌年四月の創刊を勧める声が強かったが、黒崎は予定どおり十一月末の創刊を敢行した。「素人の強みだよ」といっている。「なんでも早漏気味なんだ」と笑っていたが、半年待つより、実戦で鍛えたほうが仕事をおぼえるのは早い、という計算があった。

「素人の強み」は、黒崎がもくろんだ自由な発想にとどまらなかった。取材は読みものも実用記事も質より量——素人の編集者は、取材記者をふやして、〝足〟に頼ることくらいしか思いつかない。取材するのも経験ゼロのアルバイト記者だから、玉石混淆の材料をかき集めてくる。これがバカにならない。たとえば、アクセサリーの記事で、経験のある編集者なら、専門店を二、三軒取材して原稿を書く。「女性自身」の取材記者は専門店だけでなく、デパートも軒並み取材してくる。集まった材料を、これも素人の編集者がいっしょになって、ああだ、こうだと吟味する。たった一ページの記事でも、〝足で書いた〟厚みが、しぜんに出てくる。

どこのデスクも同じ調子だったから、編集者ひとりに四、五名の取材記者がついた。ひところは常時「女性自身」の名刺をもつ特派記者が百名をゆうに超えた。黒崎は、記者の増員による経費を当然の出費と考え、いちども待ったをかけなかった。

児玉隆也もアルバイトの取材記者だった。私は直接、仕事の接触はなかったが、アルバイト記者にはめずらしく、言葉遣いのしっかりした学生という印象を受けた。黒崎も早くから目をかけていた。入社試験を受けて合格し、三十五年四月に入社して、出版部に配属されたが、すぐに黒崎の要望で「女性自身」に移ってきた。

児玉は私と同じ班で実用記事を担当した。ふつう新人の編集者が会議で堂々とプランを出せるまでに、早くて三カ月はかかる。児玉は異動してきた日から、すぐにもつかえそうなプランを出した。こいつは優秀だと思われたせいか、デスクの櫻井秀勲（のちに編集長）に徹底的にシゴかれた。ある夜、帰りのタクシーにいっしょに乗ったら、「あしたから職があったら、いま辞めてもいいですよ」とボヤいていた。

そのころは、たしかに、企画力は衆目の認めるところだったが、文才を発揮したわけではなかった。四十一年、児玉は特集を担当して、草柳大蔵に感化され、ノンフィクションに開眼した。翌年から、大型企画「シリーズ人間」で腕を振るった。このシリーズは、「女性自身」の〝顔〟になった。扇谷正造は「いまの週刊誌で、百万雑誌に値するページは『女性自身』の『シリーズ人間』しかない」と絶賛した。やがて児玉は、いつか自分でレポートを書いてみたいと思いはじめる。

児島襄と竹中労

取材原稿をまとめるリライターもふえた。元新聞記者、元雑誌編集者、放送作家などに声をかけ、いちどは書いてもらう。脈がないと判断すれば、つぎを探す。及第点をとれば毎週、徹夜仕事になるけれど、高給サラリーマン並の報酬があった。

しかし、女性週刊誌の文章となると、特殊な才能が求められる。ただ、文章がうまければいいというわけにはいかない。当時、ＮＨＫの傑作テレビドラマ『ひょっこりひょうたん島』（山元護久と共作）を書いていた井上ひさしにも、声がかかった。パロディ、ギャグ、なんでもござれの文章の達人が、カン詰めの旅館で徹夜をして、ついに一字も書けなかった。お引き取りを願った編集者のほうが、かえって「あの人は大物かもしれない」と妙に感心していた。

同じころ、共同通信を辞めて、太平洋戦争史の研究に没頭していた児島襄は、ほとんど常連ライターに近かった。百キロに及ぶ巨軀に旅館のつんつるてんの丹前を着て、窮屈そうに低いテーブルで原稿を書いていた。私は児島の担当ではなかったけれど、おたがいデータ原稿の待ち時間に、よく児島の部屋にいき、第二次大戦の内幕話を聞いた。アメリカ側の資料も渉猟した児島の話に、当時の日本の戦史にはない視野の広さを感じたものだった。

竹中労は創刊翌年の二月から、芸能専門のライターとして起用された。「アサヒ芸能」「週刊スリラー」などに売り込んだ原稿が採用されたこともあり、すでに一本立ちのライターではあったが、定収入はなかった。「女性自身」から最初に電話がかかったときも、その日の飯代を心配していた。

当の竹中は、それまで自ら芸能ライターを名乗ったことは、いちどもない。たまたま、「アサヒ芸能」に載った記事で、ある女性歌手の美談のインチキを暴いた。それが「女性自身」編集者の目にとまった。毎週、芸能記事のリライトをしてくれと頼まれて、竹中は、取材もさせてくれるなら、と条件を出した。ここから、竹中の芸能ライター生活がはじまった。

竹中労といえば、芸能スキャンダリズムの元祖と目されているけれど、すぐにキバをむき出したわけではない。当初は、映画俳優や歌手の人情話風の読みものが多かった。あえて深読みすれば、「娯楽産業資本に虐げられた芸能人」という竹中流の解釈が読みとれる、という程度だった。黒崎が竹中を貴重なライターと認めたのも、コワモテの芸能記事を期待したからではなかった。いちど竹中がピンチヒッターでリライトした旅の記事を読んで、「リズム感があって、風景描写がうまいのに、びっくりした」といっていた。

竹中は「血統書付きの雑種」を自任していた。ざっと経歴をたどると、なるほど、と思わせるものがある。

昭和五年、東京に生まれた。父の英太郎は少年時代からのアナーキストであり、また、戦前は、「新青年」に江戸川乱歩の『陰獣』の挿絵を描いたことで知られる前衛画家でもあった。戦時中は、青年将校たちの国家社会主義に共鳴して、国家改造運動に走ったが、やがて挫折して満州に渡った。戦後は、故郷の山梨に居を定め、絵筆を断って、零細企業従業員の労働運動を指導した。竹中は、この父親にだけは頭が上がらなかった。

息子も父の血を受け継いだ。十七歳、旧制中学五年生で共産党に入党して、革命運動に狂奔した。東京外語大ロシア語科に入学したが、二年ともたずに除籍された。その後も、共産党〝軍事路線〟の一兵卒として活動したが、父親同様、アナーキスムに傾斜していく。党の管理体制に反抗するのにも倦んで、自称〝失業革命家〟は故郷に帰った。父とともに小さな印刷業を営んだり、塾を開いたりして、糊口をしのいだ。その間、無給で零細企業の労働組合の専従をつとめた。

大宅壮一のいう「文学通り」も歩いている。中学時代にアルチュール・ランボーに傾倒し、象徴詩もどきの詩を書いた。詩誌「フェニックス」の同人になり、党員作家の根城、新日本文学会の会員にも名を連ねた。そのころは、自分では詩人のつもりでいた。

三十三年初夏、六年ぶりに上京し、伝手があって「東京毎夕新聞」に職を得た。出社初日に、「毎夕」が色もの専門の夕刊紙であることを知った。失業革命家は韜晦気味に、わが身にふさわしい職場だと思った。文化部長待遇二面デスクという肩書はついたが、体のいい雇われライターだった。

毎日のように、浅草六区のストリップ劇場の楽屋に入りびたった。小屋がはねると、当時、駆け出しのコメディアンだった八波むと志、渥美清、長門勇、関敬六やストリッパーたちと安酒を飲んだ。記事のネタは、いくらでもあった。原稿は、色もの特集から、コラムまで毎日、二面一ページ分を書きなぐった。随筆の原稿がはいらないと、筆者の了解をとり、文体模写をして代筆した。個性のある文章ほど、文体模写がしやすいこともわかった。

しかし、ストリップ記者稼業は長つづきしなかった。一年足らずで、なんの科もなく解雇された。トップ屋稼業に転身はしたが、どん底生活も味わった。編集者との打ち合わせには、国電・神田駅構内にあった喫茶店をよくつかった。構内にあるので、蒲田のアパートから、十円の入場券で往復できた。

美空ひばりを描いた芸能ジャーナリズム

竹中は芸能記事をむずかしく考えなかった。どんなスターも、ふつうに取材すれば、虚像がはげてくる。芸能誌や婦人誌の提灯記事は、それをしなかったばかりに、読者のみならず、そのスターのファンを欺いてきた。竹中は、ごくわかりやすい例を挙げる。

芸能誌の新年号に、ある大スターの一家団欒のグラビアが載った。じつは、そのとき、すでに夫妻は別居していた。数カ月後には離婚している。竹中にいわせれば、これほど読者を愚弄する話はない。なぜ、編集者は取材しないのか。スターのほうも、なぜ、撮影に応じたのか。おたがい、なあなあで、プライバシーを都合よく利用しているだけではないか。一事が万事で、従来の芸能ジャーナリズムは、娯楽産業資本に魂まで売ってしまっている——。

スターのプライバシーを暴く記事を毎号、書いたわけではないのに、いつしか芸能界、とりわけ映画界では、竹中労は〝危険人物〟のレッテルを貼られた。ふしぎなもので、そうなると、かえって情報が流れてくる一面もあった。

しかし、竹中の仕事で「女性自身」にいちばん貢献したのは、やはり美空ひばりの連載手記「ひばり自叙伝　私は街の子」だろう。竹中は企画・交渉・取材・ゴーストライターの四役を演じた。タイミングのいいことに、連載開始（39年6月22日号）から十日とたたずに、ひばりと小林旭の離婚が公表された。三回目にかわって、「美空ひばり特別手記　芸と妻の間で……」、さらに次号で、竹中労がひばり母娘に独占インタビューした「はじめて語る離婚の真相」が、巻頭を飾った。このときばかりは、芸能月刊誌、週刊誌とも指をくわえているしかなかった。

当時、ひばりの取材は、「女帝」とも称された母・喜美枝が取り仕切っていた。喜美枝が「ウン」といわなければ、ひばりに会えなかった。長年、付きあいのある芸能記者も、「女帝」の前では、ひざまずかんばかりに恭順の意を表した。おまけに、バックのひばりプロの社長は、山口組三代目組長・田岡一雄である。フリーの編集者がひばりに手記を依頼するのは、宮内庁総務課を通して、美智子妃の手記を依頼するようなものだった。

竹中は、喜美枝と会う段取りをつけた。口には出さなかったが、たぶん山口組の線から押したにちがいない。アナーキストの元ストリップ記者は、裏社会にも通じていた。

初対面の「女帝」に竹中は、ご機嫌とりをしなかった。かねて持論の美空ひばり論を語った。私は美空ひばりが好きだ。ひばりは演技なしに大衆の心を唱うことができる。ひばりの歌は、それじたいが、戦後の焼け跡を生きてきた民衆の歌声運動である

——竹中は笑いながらいっていた。

「おっかさん、三分も聞いちゃいなかった。向こうから打ち解けてきて、こっちが戸惑ったくらいでね。手記の話は、ひばりプロに根まわししてあったから、あらためて

頼むまでもなかった。おっかさんも娘も乗り気でしたよ」

あまりにあっさり話が決まって、竹中は拍子抜けしたが、すぐに思い当たった。喜美枝との雑談の端々から、すでにひばり夫婦が破局寸前にあることを知った。仕事の面でも、ひばりは岐路に立たされていた。新生・美空ひばりの旗揚げをするのに、「女性自身」は格好の舞台と思ったにちがいない――その推測は当たっていたようだが、それ以前に、初対面で喜美枝は竹中を頼りにしたふしがある。

以後、一年半、母娘との付きあいがつづいた。竹中は「だんだん喜美枝という人が好きになった」といっている。ひばりに関して、喜美枝は無垢の人だった。ひばりの歌をだれよりも愛し、理解しているのは、この母親なのだということがわかったという。

最初は〝ひばりウォッチャー〟のつもりでいたが、それではおさまらなくなった。喜美枝の代役でひばりの巡業に同行したり、マネージャーもどきのこともして、深入りしていくうちに、見なくてもいいものまで見る羽目になった。

「考えてもみてよ」と竹中は苦笑する。銀行嫌いの喜美枝は、札束をカメにため込んでいた。その〝金庫〟を竹中の目の前で開ける。いっしょに鍋を食べるとなると、豆腐やしらたきなどは眼中になく、何万円もしそうな松茸を、ひたすら鍋にぶち込む。

母娘の趣味に辟易し、喜美枝の言動も気に障りだして、いつかは腹の虫が暴発する予感がした。京都の撮影所のスタジオにひばりを訪れたとき、ついに監督、スタッフのいる前で「このクソばばあ！」と面罵してしまった。竹中は「ひばりの前でやったのは、おとなげなかった」と後悔していた。その後も、けろっとして喜美枝が電話をかけてきて、用を頼まれもしたが、しぜんに足は遠のいた。「そこまでの付きあいだったということでしょうな」と悔やむふうもなかった。

「週刊平凡」のリライターをつとめた女性作家

三十四年五月一日に創刊された「週刊平凡」（5月14日号）は、すーっと出てきた、という印象が強かった。月刊「平凡」のころから、宣伝費が極端にすくない出版社として知られていた。「週刊平凡」の創刊号も、他誌の平常号程度の宣伝しかしなかった。

創刊編集長の清水達夫は、三万部ではじまった月刊「平凡」（20年12月創刊）を、十年後には百万部の大雑誌に育てた。社長の岩堀喜之助と清水のコンビは、ソニーの井深大・盛田昭夫のコンビにたとえられた。

清水は月刊「平凡」のミニチュアをつくる気はなかった。大衆の娯楽は、スクリーン・ステージの時代から、ブラウン管の時代に移りつつあると感じていた。テレビは「茶の間の窓」であるという。窓から見えるのは、べつに大スターでなくてもいい。〝ふつうの人〟でさえ、ブラウン管の中では主役になりうる。清水は視聴者がテレビを見るのと同じ感覚で読める雑誌をつくることを考えた。

創刊号の表紙は、真っ赤なスポーツカーに、NHKの人気アナウンサー・高橋圭三と新進女優の団令子が乗っている――直接は結びつけにくい人物を組み合わせる意外性は、〝異種交配〟というデザインの手法をヒントに、清水が思いついた。二号は王貞治と桑野みゆき。三号は三島由紀夫と雪村いづみ。社会党書記長の浅沼稲次郎と若尾文子というのもある。三島も浅沼も、茶の間の視聴者からみれば、歌手や女優と変わりがない、という発想による。

特集も芸能界にこだわらなかった。「職場には相手はいなかった　結婚への第三の道」（創刊号）。「チャンスに体当たりする娘たち」（2号）。「そこまでは許せるか　ハイティーン24時間の情事」（3号）。芸能ネタも「（水谷）良重を夢中にさせた男たち　女性の憧れバンドマンの生活の秘密」（6月4日号）のように、若者向けにつくっている。

月刊「平凡」の芸能色を完全に払拭したとはいえないまでも、テレビ時代に合わせて、都会風に若づくりにしたといえるだろう。「女性自身」ほどはっきり読者層を絞ってはいないけれど、若い女性をターゲットにした。黒崎勇は「週刊平凡」の創刊号をめくりながら、「清水さんは時代の空気を嗅ぎとるセンスが鋭いんだ」と評した。さらに「よく売れそうだけれど、これなら、うち(『女性自身』)と競合する心配はない」とつづけた。芸能色が残っていることに、安心したような口ぶりでもあった。

「週刊平凡」も素人集団であることには、「女性自身」と大差はなかった。特集班の新入社員に、のちの「内向の世代」の作家、後藤明生がいた。後藤は博報堂に勤めていたが、「週刊平凡」要員の採用試験を受けて合格した。入社したときは、まったくの〝芸能界オンチ〟だった。デスクに松竹本社にいくようにいわれたが、どこにあるかわからない。ハイヤーの運転手なら知っているだろう、とハイヤーを呼んだ。平凡出版と松竹本社は、同じ築地の目と鼻の先にある。運転手は困って、築地界隈をぐるぐるまわってから、松竹本社につけたという。

後藤は学生時代から同人誌に小説を発表して、新人作家登龍門にさしかかっていた。二股稼業の話になると、「俺のなかには、ふたりの後藤明生がいて、ひとりは小説を書き、ひとりは週刊誌の編集をしている」と澄ましていた。後者の後藤は、三十九年五月創刊の「平凡パンチ」で、特集デスクの要職についている。

「週刊平凡」は出版社系週刊誌でも初めて、特集に女性のリライターを登用した。当時、放送作家だった向田邦子も、そのひとりで、アンカー原稿を書いた。ときには取材もした。インタビューが家族の話に及ぶと、ひときわ熱心に質問していた。

「平凡パンチ」も清水達夫が手がけた。「週刊平凡」の創刊一年後に、「パンチ」という誌名が閃いたそうだ。やがて、戦後生まれの若者たちのあいだで、従来とはまったく異質の〝文化〟が育っていることを感じとった。当時、清水は五十一歳。「平凡パンチ」が世に出たとき、黒崎勇は七歳年上の清水の若々しいセンスに感嘆し、「俺には、とてもこんな雑誌はつくれない」と脱帽していた。

「週刊平凡」は順調というより快調に部数を伸ばした。創刊二年目、三十六年新年号の発行部数は百万部に達した。

「週刊明星」は「週刊平凡」の快進撃を、横目でにらむばかりではなかった。三十五年四月、いたたまれずに〝週刊新潮ジュニア版〟から芸能週刊誌に路線を変更した。三十五月刊「明星」から「週刊明星」編集長に転じた五十嵐洋（のちに「週刊プレイボーイ」創刊編集長）は、こういっている。

「新潮スタイルのものなんて、やれっていわれたって僕にはできませんよ。芸能ものしか自信なかったですからね。それで、徹底的にスターの結婚を追ったら、文春系の何かの雑誌で、あれは『週刊明星』じゃない『週刊結婚』だ、ってからかわれちゃった。いわれてみると、ある週なんか、その号一冊にスターの結婚記事が六本載ってるんだ……」（江國滋『語録・編集鬼たち』）

しかし、さすがに餅は餅屋、「週刊明星」は食らいついたら離れない、と芸能界で風評が立ったが、部数は「週刊平凡」を急追した。四十年代には、発行部数は百万部を突破し、実売部数で全週刊誌のトップに立った。

エピローグ

昭和三十六年――「週刊新潮」が創刊されて五年、戦国時代にふさわしく、週刊誌界の勢力地図は大きくぬりかえられていた。かつての二大勢力、「週刊朝日」と「サンデー毎日」は、新興の出版社系週刊誌に主役の座をゆずりつつあった。発行部数の上位には、「週刊新潮」「女性自身」「週刊平凡」が名を連ねた。

梶山季之は三十六年三月末に〝部隊〟ともども「週刊文春」から撤退した。創刊から、ちょうど二年たっていた。梶山自身は「そろそろ潮時やと思った」というだけで、多くを語らなかった。

中田建夫は前年の秋ごろ、「来年で終わりだよ」といわれた記憶があるという。そのころ、梶山に鬱屈したものがあったのではないか、とみている。岩川隆も、中田の〝鬱屈説〟に同調する。俺は、やりたいことをやる――より具体的には、やはり小説を書きたかったのではないか、と推測している。

そのころ、梶山は「週刊文春」に『朝は死んでいた』を連載した（昭和35年10月10日号〜、8回）。創刊以来の労に報いるために、編集長の上林吾郎の計らいで、ほとんど無名の梶山が起用された。上林は、のちのちまで「カジさんには、ほんとうに感謝している」といっていた。編集部内にも、「梶山部隊」を、厄介者扱いする空気はなかった。

『朝は死んでいた』は、梶山が初めて本腰を入れて書いたエンターテインメント小説だった。あえて推測すれば、これがきっかけで、それまでの純文学志向を振り切ったのではないか。ライター稼業の副産物で、週刊誌の特集には書けなくても、小説なら書ける材料が蓄積されていた。おりから、松本清張を嚆矢とする社会派推理小説が、人気を集めていた。調べて書く社会派小説に、梶山が心を動かしたとしてもふしぎではない。

「週刊文春」は、まだ「週刊新潮」に水をあけられてはいたが、部数は安定して、編集も軌道に乗っていた。梶山は、あくまで助っ人のつもりだった。いずれ「梶山部隊」がいなくてもいい、という声も出てくるだろう。梶山の性格からいって、居座っていると思われることだけは、ご免こうむりたい——小説を書きたいという身勝手は承知のうえで、早めに身を引くことにしたように思える。

自分だけ辞めて、取材記者を残すこともできたはずだが、梶山は、それもしなかった。全員、退くのが筋と考えた。村島健一と岩川、中田を「週刊コウロン」に移籍させ、ふたりの取材記者の就職口も世話した。Oだけ「週刊文春」に残したが、後年、Oは〝防衛庁怪文書事件〟に連座し、司直の手にかかった。梶山は文藝春秋に顔向けできなかった。破門を言い渡すまでもなく、Oとは絶縁した。

いっぽう「週刊新潮」では、草柳大蔵と〝陰の編集長〟斎藤十一の関係がきしみはじめていた。もともと草柳のデータ・ジャーナリズムと斎藤の俗物主義は相容れないものがあった。

草柳は週刊誌のレポートを通して、「運動としてのジャーナリズム」を実践しようと思った。目線を庶民と同じ高さにおいて、足で集めたデータを構築する。そのレポートによって、庶民が政治や社会を考え、判断する基準を与えたい、というものだった。斎藤相手に、そんなジャーナリズム論をぶったわけではないけれど、レポートに当然、その片鱗は現れる。俗物主義からみれば、青くさいかぎりで、要は金と女だよ、といいたいところだろう。

草柳がボヤいたことがある。アメリカの早熟なセックスを報じる特集で、それを生み出した社会背景も精いっぱい取材した。提稿して、ひと眠りしたら、ゲラ刷りを読んだ斎藤から電話がかかった。「エロのところを残して、あとは削ったよ」――。デスクの新田敞がゲラをもってきて、「ここだけ、なんとか表現をかえてよ」と頼まれることも、よくあった。草柳は「そんなわけのわからないことというひとは、だれなの?」といいながら、しぶしぶ応じた。

創刊から五、六年たったころには、編集部に「週刊新潮」スタイルの特集を任せられる書き手が、何人も育っていた。三十七年、草柳は署名ライターへの転身をはかった。「週刊新潮」「女性自身」の仕事をつづけながら、月刊誌「芸術生活」に『山河に芸術ありて』の連載をはじめた(4月号〜、18回)。花札、手描き友禅、竹細工など、伝統技芸に生きる職人のレポートで、およそ社会派のルポルタージュとは程遠い仕事だったが、そこに草柳一流の計算があったともいえる。私は、その年の暮れから特集デスクをつとめ、また、草柳グループと付きあった。

たしか三十九年の二月ごろだったと思う。締切の夜、「女性自身」の仕事場にきた草柳が、「新潮の仕事は終わったよ」といった。私も、事情はうすうす知っていた。草柳も覚悟はしていたはずだが、こういっていた。

「体よく切られた。ジャーナリストがメディアを失うのは、全財産をとられるよりつらい。斎藤十一に土下座してでも、つづけられるものなら、つづけたいくらいだよ」「週刊新潮」にも、それなりの事情があった。四月には、野平健一が編集長に昇格する。それにともなって、創刊編集長の佐藤亮一が兼務していた出版部長に、草柳グループ担当デスクの新田敞が転出した。新田がいなくなれば、草柳の居場所もなくなる。斎藤十一直系の野平が、ぜひとも草柳に残ってもらいたいと思うはずもなかった。もうひとりの大物ライター、井上光晴は肩をたたかれたわけではなかったが、「草柳さんが辞めるなら、僕も辞める」とあっさり身を引いた。

私は三十九年九月に新雑誌編集部に異動したが、「女性自身」における草柳グループの存在が、宙に浮きはじめているのを感じた。前年、「女性セブン」（小学館　5月5日創刊号）、「ヤングレディ」（講談社　9月23日創刊号）が参入して、女性週刊誌は四誌競合時代を迎えていた。やがて、テレビのワイドショーの影響もあって、四誌は芸能ニュースをぶつけ合った。「女性自身」も芸能路線を強化した。活版ページの序列一位にあった特集の影が、徐々に薄れてきた。

目玉は芸能特集だから、相対的に草柳グループの特集は軽視される。編集長の櫻井秀勲と草柳との間に軋轢が生じた。櫻井は、草柳グループを切るのもやむなし、と腹をくくった。その特命全権大使として、四十一年初頭に、児玉隆也が特集デスクに任じられた。グループは切ってもいいが、草柳は週刊誌にとって貴重な人材だから、縁を切りたくない、というのが櫻井の方針だった。

草柳も「女性自身」の仕事に手を抜くわけではなかったが、すでに心は署名原稿になびいていた。かつて匿名ジャーナリズムに抱いた情熱を、失っていたといってもいい。おまけに、その年「文藝春秋」の連載『現代王国論』がはじまっている（41年6月号〜、13回）。草柳にとっては待望の大舞台である。いよいよ、グループを率いることに負担を感じていた。タイミングもよかったが、児玉は憎まれ役でもある大任をはたした。四十二年一月、草柳グループは解散した。児玉が手がけた「シリーズ人間」は五月からスタートして、前述したように「女性自身」の〝顔〟になった。

竹中労は美空ひばりの手記こそ書いたが、すでに芸能ライターの枠をはみ出していた。三十九年、『団地七つの大罪』（弘文堂）を上梓して、社会派ライターの列に加わった。四十年秋、『美空ひばり』（同）を書き上げると、竹中流にいえば、〝中華人民共和国と東南アジアへの漂泊〟に旅立った。以後、芸能評論家の肩書をつけながら、スズメ百まで、革命のロマンチシズムを追い求めた。余談ながら、『美空ひばり』はベストセラーになったが、版元が倒産して、印税は初版分しかもらえなかった。

「週刊現代」は、三十九年十月に編集長に就任した牧野武朗によって、一気に部数を伸ばした。牧野の編集方針は「金と女プラス出世」——その「金」も、いかに儲けるかの実益をモットーにした。四十年早々から、この実益路線が臆面なく披露された。

ざっとタイトルを拾うと、「利殖ならこれが得！　貸付信託から金ののべ棒まで」「勝ち残るサラリーマンの条件」「パチンコ必中法教えます」（1月1日号）、「ズバリ儲かる今年の〝12銘柄〟」「スキー場ならここが一番！」（1月21日号）、「10万円で儲かる最新土地情報」（1月28日号）、「五万円で買える大底のアナ株」「あなたは提案箱で出世できる」（2月11日号）ｅｔｃ。

極め付きは七月から連載された「今週の株情報」だった。深刻な不況で、株価は低迷していた。牧野は、安く買って儲けられる株があるはずだ、と考えた。冒険を承知で、毎号、一銘柄を推奨した。その株価がハネ上がった。連載十回目を超えるころには、発売日の朝、地方の読者から、今週はなにを推奨したのか、という電話が殺到した。それが高じて、発売前に各地の証券会社の窓口から、銘柄を教えてほしいと頼み込まれるほどだった。この連載は十カ月つづいたが、投資家のあいだでは、「ゲンダイ銘柄」と珍重された。

通常の特集も、力がついていた。とりわけ、ベトナム戦争の実態を伝えるレポートでは、一頭地を抜いていた。とはいえ、やはり部数の増大は〝実益路線〟の成果というしかなさそうだ。四十年初頭には実売三十万部そこそこで、赤字を計上していたが、年末には五十万部に達した。翌年には六十五万部を超えて、「週刊新潮」を急追するまでに至った。

四十四年八月、小学館から「週刊ポスト」が創刊された（8月22日号）。通称「音羽」の講談社と通称「一ツ橋」の小学館は、出版界公認、宿命のライバル関係にある。「週刊ポスト」は「週刊現代」の対抗馬と目された。

緒戦は「週刊ポスト」が苦戦した。実売部数は四十万部に届かなかったが、十月に「プロ野球八百長事件」が発覚してから、追い風が吹いた。うまい具合に、その道のスペシャリストがライター陣にいた。「週刊ポスト」は〝プロ野球の黒い霧〟追及キャンペーンを展開した。これが当たった。翌年二月には、ジャイアンツの藤田元司コーチが、自分の経営する会社の幹部を辞めさせるために、暴力団幹部に金を渡していた事実が明るみに出た。ついで、行方をくらましていた八百長事件のキーマン、永易将之・元西鉄投手の独占インタビューをものした（4月10日号）。そのいっぽうで、「衝撃の告白シリーズ」が話題を呼んだ。第一回は、〝破滅型女優〟沖山秀子の「私の身体を通り過ぎた男たち」（45年2月6日号）――つづいて青山ミチ、〝性転換美女〟、嵯峨三智子などが、男遍歴を告白した。

四十六年早々に「週刊ポスト」の実売部数は五十万部を超えた。翌四十七年には七十万部の大台にのせた。「週刊ポスト」台頭の煽りで、「週刊新潮」と「週刊文春」は後退した。首位争いは、とうぶんのあいだ「音羽」と「一ツ橋」に絞られた。「週刊朝日」「サンデー毎日」は、脱落したままだった。

そのころから、私は、週刊誌は変わったなと思いはじめた。

「週刊現代」の〝実益路線〟は、テーマが意表をついただけではない。先に挙げたタイトルをみればわかるように、「これが得！」「ズバリ儲かる……」「ここが一番！」といった断定する口調が目立つ。「週刊ポスト」にしても、〝プロ野球の黒い霧〟キャンペーン第一弾のタイトルは「永易以外にいる疑わしい八人　ファンを裏切った腐敗分子を蛮勇をふるって摘発する」（44年10月24日号）と大見得を切っている。こういう〝正義の騎士〟気取りの表現は、それまでの週刊誌にはなかった。「衝撃の告白」も、女性週刊誌ならともかく、男のおとなが読む週刊誌は、ここまで開き直れなかった。タイトルの「私の身体を……」も直截すぎて、従来の編集者の感覚を超えるものがあった。

ひと言でいえば、素材優先主義である。あるいは、スクープ第一主義といってもいい。もちろん、「週刊朝日」も「週刊新潮」もスクープを狙ったが、毎度毎度、スクープにありつけるはずもない。それがわかっているから、手持ちの材料をいかに味つけするか、知恵を絞った。どーんと皿に盛って、さあ、うまいぞ、と胸を張るのは、よほど極上のネタを仕込んだときにかぎられた。

スクープ第一主義は立派な編集方針である。が、それが習性になると、準々スクープの類を大スクープのごとくに謳い上げる。勢い、声が大きくなる。ひとひねりしたタイトルより、そのほうが読者に与えるインパクトが強い。戦国時代に勝ち残るには、これが最強最善の策とわかれば、いよいよ声を大きくせざるをえない。

文章にも同じことがいえる。草柳大蔵も井上光晴も梶山季之も竹中労も、ひとりひとりが自分の作法を編み出した。いわば、芸を見せることで、お鳥目をいただいた。素材を売り込むには、修業を積んだ芸を必要としない。素材を読者にぶつけるような腕力があればいい。草柳は「最初から結論を押しつけたがるレポートがふえた」と評していた。

部数競争に勝つには、素材優先、スクープ第一が正解かもしれないが、そのために、編集者のセンスを競う洒落っ気が、誌面から消えていった。「蛮勇をふるって摘発する」などと〝正義の騎士〟を気取ったら、洒落っ気もなにもあったものではない。「週刊文春」も遅ればせながら、徐々にスクープ第一主義に傾斜していった。ロサンゼルスの日本人妻殺人事件の真相究明に挑んだ「疑惑の銃弾」(59年1月26日号〜)は、その最大の収穫だろう。この追跡レポートで、部数は十数万部伸びて、久しぶりに首位争いに返り咲いた。

孤塁を守りつづけた老舗の「週刊新潮」も例外ではなかった。やがて巻頭の「タウン」が姿を消した。ゴシップ・コラムは残ったが、右ページにあった案内掲示がなくなった。そのページをつかえば、大声を出せる特集を一本ふやせる。そう考えたのも当然と思えるが、長年、見慣れてきた「タウン」が消えて、私は半分「週刊新潮」ではなくなったような気がした。

十数年前から、週刊誌は毎週、スクープ合戦にしのぎを削っている。いまさらながら、編集者、ライターともども産みの苦しみを味わった草創期は、週刊誌の牧歌時代だったように思えてくる。

あとがき

最初は週刊誌勃興期のゴシップ集成のようなものを書くつもりでいた。それなら、気楽に書けると思ったが、各誌のバックナンバーを繙くうちに、そうもいかなくなった。

戦後六十年。平成十八年二月には、出版社系週刊誌第一号の「週刊新潮」が創刊五十周年を迎える。ジャーナリズム研究は盛んだが、まだ、これといった戦後週刊誌の通史がない。新書版の容量で、全誌を網羅することは不可能だけれど、私が見聞した範囲で、何分の一かの通史を書いてみよう、と了見をあらためた。

ようやく脱稿したが、不備だらけの通史であることは、書いた本人がいちばんよく承知している。拙稿がたたき台になって、専門家の手による正確緻密な通史が書かれることを期待したい。

週刊誌がかかわる人権問題については、一行も触れなかった。批判は甘受するしかない。それに答えるためには、あらためて、べつの稿を起こすしかないと思っている。

二、三たしかめたい事項があって、かつての上司、黒崎勇氏に十数年ぶりにお会いした。そのときは、足がやや不自由なくらいで、とても壮健だった。ところが、半年後の平成十七年一月、新聞で訃報に接した。告別式にうかがい、前年の秋に、交通事故に遭われたことを知った。このときばかりは、もっと早く書けばよかった、と生来の怠けぐせが悔やまれた。

執筆の機会を与えてくれた文藝春秋編集委員の浅見雅男氏（前文春新書局長）、ののびのびの原稿を待ってくれた現局長の細井秀雄氏、担当の島津久典氏、また、私の見落し、誤記などを細部にわたって点検してくれた校閲の担当者に深く感謝します。

平成十七年十一月

高橋呉郎

文庫版あとがき

本書は平成十八年一月に文春新書で刊行された。当時、すでに週刊誌は、「風雲録」の時代とは隔世の観があった。

十一年たって、その傾向は、さらに加速されている。本書の末尾でも触れた、素材優先のスクープ第一主義が、主役の座に定着した。勇み足、やりすぎはあるけれど、とにかく元気がいい。ときに大臣を権力の座から引きずり下ろすパワーを発揮する。

しかし、だからといって、週刊誌が確たる座を保っているとはいいがたい。活字主体の週刊誌そのものが、生き残り競争をしいられている、というのが実情だろう。

かつて私の編集者現役時代、電車に乗れば、たいていは週刊誌を読んでいる乗客がいた。いまはもう、活字離れの時代を物語るように、週刊誌はおろか新聞を読んでいるひとも、あまり見かけなくなった。オジサンもオバサンもスマホに見入っている。

私が週刊誌の現場から、はるかに遠ざかっているせいもあるけれど、いつごろからか、週刊誌の発行部数を耳にしなくなった。発行部数が下降線をたどる週刊誌がふえてきたからではないかと思われる。

週刊誌全体が勢いのよかった時代には、部数が伸びれば、広告収入がふえるという余得が大きかった。近年は、広告に占める活字媒体の人気は落ちるいっぽうで、広告による増収を当てにできない状況にある。

しかし、そういう時代だからこそ、なおさら週刊誌の奮闘を期待したくなる。この時代を生きのびたとき、週刊誌はメディアの報道部門に欠かせぬ存在になっているにちがいない。

伊藤整の労作『日本文壇史』を読み返していたら、こんな一文があった。

《文士の生きる社会は、文学史にその名前を明らかに辿られる者のみで形成されているのではない。どの世代においても、その名もその仕事も失われ忘れられて行く無数の文士の渦巻いている混沌の中から、僅かに数人の者のみが、文学史の上に明確な存在の跡を残すのである》

拙著の欠陥を指摘されているようで、顔が火照ってくる。週刊誌草創期にも、「明確な存在の跡」を残さなかった編集者、ライターたちがいた。有志のライターの共同作業でもいい。週刊誌にたずさわった群像を網羅し、『日本文壇史』に匹敵する週刊誌の通史が、いつか書かれることを願ってやまない。

不備ながら、拙著を草創期のささやかな記録として、お読みいただければ、ライター冥利につきる。その再度の機会を与えてくれた担当編集者の高橋淳一氏に深く感謝します。

平成二十九年三月

主要参考文献

池島信平『雑誌記者』（中公文庫　昭和52年）
扇谷正造『マスコミ交遊録』（文藝春秋新社　昭和38年）
大輪盛登『巷説出版界』（日本エディタースクール出版部　昭和52年）
『「週刊朝日」の昭和史　第二巻』（朝日新聞社　平成元年）
野平健一『矢来町半世紀』（新潮社　平成4年）
草柳大蔵『マスコミ新兵』（現代ジャーナリズム出版会　昭和41年）
江國滋『語録・編集鬼たち』（産業能率短期大学出版部　昭和48年　初出は月刊「噂」で、私は江國氏のインタビューにほとんど毎回、同行した）
『積乱雲とともに　梶山季之追悼文集』（季節社　昭和56年）
『「トップ屋戦士」の記録　梶山季之無署名ノン・フィクション』（季節社発行　祥伝社発売　昭和58年）
梶山美那江編『積乱雲　梶山季之――その軌跡と周辺』（季節社　平成10年）
黒崎勇『皆がNOならやってみろ』（リヨン社　平成2年）
竹中労『美空ひばり』（朝日文庫　昭和62年）
竹中労『決定版　ルポ・ライター事始』（ちくま文庫　平成11年）
岩川隆『ノンフィクションの技術と思想』（PHP研究所　昭和62年）
植田康夫『現代マスコミ・スター』（文研出版　昭和43年）

植田康夫「大宅壮一の『知的労働の集団化』論が戦後の週刊誌編集に与えた影響」（上智大学コミュニケーション研究会　平成4年）
坂上遼『無念は力　伝説のルポライター児玉隆也の38年』（情報センター出版局　平成15年）
『情報ランチの調理士たち』（産報　昭和47年）
朝日新聞社編『週刊誌のすべて』（国際商業出版　昭和50年）
亀井淳『反人権雑誌の読み方』（第三文明社　平成8年）
鈴木陽一『プロ野球黒書』（日新報道　昭和45年）
「創」編集部編『出版界の仕掛人』（創出版　昭和57年）
寺田博編『時代を創った編集者101』（新書館　平成15年）
木本至『雑誌で読む戦後史』（新潮社　昭和60年）
新井直之『新聞戦後史』（双柿舎　昭和54年）
森恭三『私の朝日新聞社史』（田畑書店　昭和56年）
小和田次郎・大沢真一郎『総括安保報道』（現代ジャーナリズム出版会　昭和45年）
フランシス・ウィリアムズ『脅かす第四階級』（上原和夫・志賀正照訳　有紀書房　昭和33年）
常盤新平『「ニューヨーカー」の時代』（白水社　平成11年）
稲垣吉彦・吉沢典男監修『昭和ことば史60年』（講談社　昭和60年）
『クロニック講談社の80年』（講談社　平成2年）
『文藝春秋六十年の歩み』（文藝春秋　昭和57年）
『文藝春秋七十年史』（文藝春秋　平成3年）
『創造の四十年　マガジンハウスのあゆみ』（マガジンハウス　昭和60年）

解説

中田建夫

電車内で週刊誌を広げている人を見かけなくなったのはいつからだろうか。シートに腰掛けている人はもちろん、吊り革に摑まっている全員がスマホやガラケーをいじっている光景に出合ったことは度々あるけれども、週刊誌を広げている人には滅多にお目にかかれない。活字ジャーナリズムはITジャーナリズムに取って代わられたと言われるが、それでも夕刊紙やスポーツ紙に見入っている人は車内にけっこういる。にもかかわらず週刊誌の読者はほとんど見当たらないのだ。

だが、敗戦後少なくとも昭和の終わるまでの間、週刊誌はマスコミ界の中心的存在だった。本書は著者が「あとがき」で述べているようにその週刊誌全盛期の通史を、現場で部数争いにしのぎを削った編集者、ライター、記者の群像をゴシップをたっぷり交えて蘇らせることで、生き生きと描き出していく。

マスコミ史上、週刊誌ブームといわれる現象はテレビブームと同時期、昭和三十三、四年、皇太子御成婚のミッチーブームに始まるのだが、その序幕は早くも戦後間もない昭和二十二年に開かれていた。本書によれば朝日新聞社内のトイレでの論説主幹の嘉治隆一と整理部デスク扇谷正造の連れションで老舗「週刊朝日」に扇谷編集長が誕生したのが、週刊誌時代の幕開きとなったという。

以後、扇谷「朝日」は吉川英治の小説『新・平家物語』、徳川夢声の対談『問答有用』という二本の連載を目玉に、雑誌ジャーナリズムを席巻していく。だが、一方で新聞社発行という大看板が邪魔になっていった。政治や財界のニュースの裏面を抉ろうとすると政治部や経済部からの駄目出しが入り、中途半端な記事になってしまう。また、新聞本紙の宅配ルートによる定期購読が圧倒的に多いため、巷の下世話なネタを扱う場合でも行儀よくせざるを得ない。つまり家庭に持ち込めるホーム・ジャーナルである。

ところが、昭和三十一年二月創刊の「週刊新潮」を先駆けとする出版社系週刊誌の登場は、その弱点をつく形になった。「朝日」成功の最大の要因だった小説や読物は、出版社にとってはお手のものの上に、新聞社系のように他の部署の思惑に邪魔されることもないし、体面を気にする必要もなく、事件の裏に潜む人間の三大欲望「色、金、権力」を暴き出すことも意のままだった。

「新潮」流の記事の際どさから、〝説教強盗〟ならぬ〝説教エロ〟という言葉が生まれたぐらいである。当時はまだ警視庁の猥褻観が頑なで、そこをすり抜けるのに例えば「こんなことをしてはいけません」と書く。「こんなこと」の部分は、つまりエロ描写というわけだ。それでもけっこう桜田門に呼び出されることは多く、ウソかマコトか他誌の間で「新潮」は出頭専門の警察OBを抱えているという噂が流れていた。

また、新聞記者たちが知っていながら書けない、あるいは書こうとしなかった重大な事実を初めて取り上げて、世間に強烈なインパクトを与えることもやっている。例えば、アメリカが広島に設立していたABCC（原爆傷害調査委員会）についてのレポートである。原爆被害者たちはそれがアメリカの善意による治療のための機関だと信じていたが、じつは兵器である原爆の効果を調査するための機関だったという実態を詳細に報じたものだ（本書118ページ）。原水爆禁止運動が発足して三年という時期だっただけに衝撃度も大きかった。後に「文藝春秋」誌で立花隆が『田中角栄研究』を書いた時、政治記者たちが「俺たちがとっくに知っていることばかりで、目新しいことは何もない」と嘯いたのと同じ現象である。

そして、昭和三十三年から三十四年にかけて「週刊明星」、「女性自身」、「週刊現代」、「週刊文春」など、創刊ラッシュとなり、本格的なブームの到来となる。当然のように優秀なライターは引張り凧の有様で、毎号トップの特集記事を書きまくることになった。それで〝トップ屋〟という業界隠語が生まれた。後の流行作家梶山季之もその一人で、新宿のバーで飲んでいると、かなり聞こし召した「朝日」前編集長の扇谷正造がやって来て「よっ、トップ屋さん、元気かね」と肩を叩かれたという。梶山はそれまでうかつにもその言葉を知らずちょうど仕立下ろしの背広を着ていたので、トップモード野郎とからかい半分褒めてくれたものと勘違いしてにやついたという。

本書の著者高橋呉郎が週刊誌に首を突っ込むのも昭和三十三年秋だった。翌春から光文社への正式入社が決まっていたが、「女性自身」の創刊準備要員としてアルバイト動員をかけられたのだった。以後、同誌をはじめ「週刊宝石」、月刊「宝石」などで出会い、接触したライターの顔触れは錚々たるものがある。草柳大蔵を皮切りに梶山季之、竹中労、児島襄等々、後のスター評論家や流行作家などが出版社系週刊誌に注ぎ込んだエネルギーを、ページから溢れんばかりに著者は活写している。

そして、「朝日」の扇谷正造、「新潮」の斎藤十一、「自身」の黒崎勇といった名編集者たちの独特の編集方針と読者を引きつける計算の確かさ。中でも直接の上司であった黒崎勇についての記述は微に入り細に入りで圧巻で、ぜひ直接読んでほしい。

最後に一つだけ補足しておきたいことがある。197ページで「週刊文春」の梶山グループが放った初の長打として取り上げられている「怪文書『般若苑マダム物語』を追って」についてだ。警視庁も割り出せなかった執筆した犯人を本気で摑まえようと思ったが、あと一歩のところで時間切れとなったとされている。取材を担当した一人として言えば、確かに取り押さえることまでは出来なかったが、その氏名、職業、住所を割り出し、親族にも取材し、顔写真まで入手できた。だが、本人は九州方面に逃亡中でインタビューできなかったのだ。間もなく逃亡先で逮捕されて警視庁に連行されて来た時、その犯人は「出てきたら、文春に爆弾を投げ込んでやる」と毒づいたという。いつもはこちらが世話になっている某大手新聞の事件記者が顔写真を借りに飛んできたのも、ちょっとした自慢だった。

夕刊紙と並んでストリート・ジャーナルの双璧といわれる週刊誌だが、かってはそれ以上にゲリラ・ジャーナルの面が強かった。またまた「文春」の例でおこがましいが、『般若苑』から二カ月後、今度は特別ルポと銘打って『日本の機密室―情報局は復活しつつある―』を掲載した。内閣調査室の下請け的存在の設立を報じた記事だが、記事中にはメンバー全員の集合写真が大きく掲載され、もはや情報機関としては役に立たなくなった。これは梶山部隊の取材デスクO（本書188ページ参照）のスクープだった。政府筋からは社の上層部にたいして厳しい抗議があったということだったが、現場の幹部たちはまったく意に介さなかった。

二〇一七年の現在、週刊誌でこうしたゲリラ精神を持ち続けているのは一、二誌しかない。それが、電車内での読者皆無の状況をもたらしているのではなかろうか。

（なかだ・たつお／元記者）

本書は二〇〇六年一月に文藝春秋より刊行された。

ちくま文庫

週刊誌風雲録《しゅうかんしふううんろく》

二〇一七年五月十日　第一刷発行

著　者　高橋呉郎（たかはし・ごろう）
発行者　山野浩一
発行所　株式会社　筑摩書房
東京都台東区蔵前二―五―三　〒一一一―八七五五
振替〇〇一六〇―八―四一二三
装幀者　安野光雅
印刷所　明和印刷株式会社
製本所　株式会社積信堂

乱丁・落丁本の場合は、左記宛にご送付下さい。
送料小社負担でお取り替えいたします。
ご注文・お問い合わせも左記へお願いします。
筑摩書房サービスセンター
埼玉県さいたま市北区櫛引町二―六〇四　〒三三一―八五〇七
電話番号　〇四八―六五一―〇〇五三

ISBN978-4-480-43443-2 C0195